Andreas Steinmeister
Unbequem? – Gottes Plan für Mann und Frau

Andreas Steinmeister

UNBEQUEM...?

Gottes Plan für Mann und Frau

Die Bibelstellen werden im allgemeinen nach der im R. Brockhaus Verlag, Wuppertal, erschienenen „Elberfelder Übersetzung" in nicht revidierter Fassung angeführt.

© 1991 by Christliche Schriftenverbreitung,
D-5609 Hückeswagen
Umschlaggestaltung: E. Platte, Wuppertal
Fotosatz: Knipp EDV-gesteuerter Lichtsatz, Wetter
Gesamtherstellung: Druckhaus Gummersbach
Printed in Germany

ISBN 3-89287-370-4

Inhalt

1. Einleitende Bemerkungen 7

2. Auslegung von 1. Korinther 11,1-16 15

3. Fragen und Antworten. 47

4. Schlußwort 96

1. Einleitende Bemerkungen

Ist 1. Korinther 11,1-16 wirklich ein Thema, das heute unter Christen erörterungswürdig ist? Gibt es nicht wichtigere Themen als dieses eine, das doch auch unter wahren Christen immer wieder unterschiedlich ausgelegt wird? Wäre es nicht notwendiger, das Evangelium in aller Klarheit zu verkündigen und über die Auslegung von 1. Korinther 11,1-16 hinwegzusehen?

In unserer Zeit rüttelt man doch an den wesentlichen Fundamenten des Christentums und versucht, grundlegende Lehren wie z.B. die Jungfrauengeburt, die leibhaftige Auferstehung des Herrn Jesus, die Autorität der Bibel, die Rechtfertigung aus Glauben usw. zu hinterfragen oder völlig abzulehnen. Das wären doch Themen für apologetische Schriften. Oder denken wir an verschiedene extrem schwarmgeistige Richtungen, die das Christentum auf den Boden des reinen Gefühls herabwürdigen und dadurch großen Schaden unter dem Volk Gottes anrichten.

Ist es unbedingt nötig, die Verse aus 1. Korinther 11,1-16 in unserer Zeit zu thematisieren, wo doch eigentlich nur ganz wenige Christen ein wahres Interesse daran haben? Wie viele Streitgespräche hat es schon über diese Verse gegeben. Und nun soll man sich wieder mit diesem so umstrittenen Text befassen? Hat man denn nicht aus der Vergangenheit gelernt? Sollte man das Thema nicht endlich ad acta legen? Meistens sprechen sowieso nur extreme, intolerante und gesetzliche Leute darüber. Sollte man ihnen Wasser auf die Mühlen gießen? Handelt es sich hier nicht wirklich um vergeudete Zeit?

Alle diese Fragen haben sicher eine gewisse Berechtigung, aber können niemals als zufriedenstellender

Hinweis dafür gelten, daß eine ernsthafte Beschäftigung mit diesem Thema unnütz und zeitvergeudend sei oder gar einen gesetzlichen Geist offenbare, weil es sich hier doch „nur" um sog. Äußerlichkeiten handele. Immerhin sind das Abendmahl und die Taufe doch auch Äußerlichkeiten, hinter denen ohne Frage wichtige geistliche Realitäten stehen. Könnte das bei unserem Thema nicht auch der Fall sein? In der Tat sollen wir das Evangelium Jesu Christi in aller Klarheit verkündigen; auch ist es außerordentlich wichtig, eine biblisch begründete Stellungnahme zu falschen Lehren der Gegenwart abzugeben, um moderntheologische sowie schwarmgeistige Strömungen in unserer Zeit bloßzustellen. Wir sollen das eine tun und das andere nicht lassen.

Ein so umstrittenes Thema wie das, womit wir uns nun beschäftigen wollen, sollte sicher vorurteilslos und entschieden textgebunden erarbeitet werden mit dem Wunsch, unserem HERRN und nicht den Menschen zu gefallen (siehe Joh 5,44; 12,42-43; 1.Thes 2,5-6). Es ist die feste Überzeugung des Verfassers, daß dieser Schriftabschnitt und die damit in Verbindung stehenden Themen von außerordentlich großer Bedeutung für die Gläubigen in unserer Zeit sind.

Könnte es möglich sein, daß manche falschen Lehren, viele soziale und psychische Probleme unserer Zeit (auch und gerade unter den Kindern Gottes) ihren wahren geistigen Ursprung unter Umständen in der Fehlinterpretation oder in der Mißachtung von 1. Korinther 11,1ff. und den entsprechenden Parallelstellen haben? Mir ist klar, daß diese Behauptung gewagt ist, dennoch zögere ich nicht, sie dem Leser als bedenkenswert nahezubringen.

Wundern wir uns über den zum Teil immer stärker zunehmenden moralischen Verfall in der abendländischen (sog. christlichen) Gesellschaft?

Wundern wir uns über die vielen Ehe- und Familiennöte unter den Gläubigen?

Wundern wir uns über die zunehmende Desorientierung der Jugend?

Wundern wir uns über die zum Teil gotteslästerlichen Aussagen in der Feministischen Theologie?

Theologieprofessor Peter Beyerhaus gibt in seinem Buch „Frauen im theologischen Aufstand" folgendes zu bedenken:

„Angesichts der geradezu apokalyptischen Gefährdung, welche der von der feministischen Theologie vermittelte Einbruch des Naturheidentums in die Kirche bedeutet, sehen wir aber keinen anderen verheißungsvollen Weg der Rettung, als konsequent zurückzufragen nach dem vollen biblischen Zeugnis über die heilsgeschichtliche Bestimmung von Mann und Frau, um uns daran erneut auszurichten."

Es ist der Wunsch des Verfassers, kompromißlos nach dem vollen biblischen Zeugnis zurückzufragen.

Wenn wir die in der Bibel niedergelegten Grundsätze Gottes hinsichtlich Seiner Schöpfungsordnung als antiquiert, traditionell, überholt, veraltet und unmodern hinstellen, werden wir das ernten, was wir gesät haben: das sittliche Verderben der Christenheit, das sich ja vor unseren Augen schon in vielfältiger Form darstellt.

Darum: Laßt uns zu IHM umkehren und Gottes Willen auch im Blick auf Seine Ordnung in der Schöpfung aufrichtig erforschen und aus *Liebe* zu unserem HERRN JESUS das tun, was Sein Wille ist. Möge der HERR es schenken, daß wir (Verfasser und Leser) selbstkritisch und vorsichtig, mit dem Gebet um Weisheit und geistliches Verständnis, an diese Verse herangehen und daran denken, daß uns Gott allein durch Seinen Heiligen Geist Licht und Einsicht und die Kraft zu einem konsequenten Gehorsam zu geben vermag.

Eine Bitte: Der Leser möge diese Schrift nicht so verstehen, als ob der Verfasser alle jene verurteilte, die nicht in allen Feinheiten der Auslegung genauso denken wie er. Das liegt ihm fern. Diese Arbeit ist eine Studie mit dem Ziel, Kinder Gottes anzuleiten, auch in unserer Zeit recht unbequeme Themen neu zu überdenken und aufrichtig den Willen Gottes zu erforschen.

Römer 12,1-2 sagt: „Ich ermahne euch nun ..., eure Leiber darzustellen als ein lebendiges, heiliges, Gott wohlgefälliges Schlachtopfer, welches euer vernünftiger Gottesdienst ist. Und seid nicht gleichförmig dieser Welt, sondern werdet verwandelt durch die Erneuerung eures Sinnes, daß ihr prüfen möget, was der gute, wohlgefällige und vollkommene Wille Gottes ist."

Epheser 5,8: „... wandelt als Kinder des Lichts (denn die Frucht des Lichts besteht in aller Gütigkeit, Gerechtigkeit und Wahrheit), indem ihr prüft, was dem Herrn wohlgefällig ist."

Epheser 5,17: „Darum seid nicht töricht, sondern verständig, was der Wille des Herrn sei."

Philipper 1,9: „Und um dieses bete ich, daß eure Liebe noch mehr und mehr überströme in Erkenntnis und aller Einsicht, damit ihr prüfen möget, was das Vorzüglichere sei, auf daß ihr lauter und unanstößig seid auf den Tag Christi, erfüllt mit der Frucht der Gerechtigkeit, die durch Jesum Christum ist, zur Herrlichkeit und zum Preise Gottes."

Wir sollen mit Einsicht, Erkenntnis und Verständnis an die in der Bibel niedergeschriebene Offenbarung des Willens Gottes herantreten und SEINEN WILLEN aufrichtig erforschen.

Biblische Texte stehen nun einmal deswegen in der Bibel, damit wir uns ernsthaft betend mit ihnen befassen und sie eben nicht ad acta legen, um sie niemals mehr zu besehen, weil wir dem Irrtum erlegen sind, daß sie für unsere Zeit bedeutungslos geworden wären.

„Alle Schrift ist von Gott eingegeben (gottgehaucht) und nütze zur Lehre, zur Überführung, zur Zurechtweisung, zur Unterweisung in der Gerechtigkeit, damit der Mensch Gottes vollkommen sei, zu jedem guten Werk völlig geschickt (zugerüstet)" (2.Tim 3,16f.).

> Wenn Dein Wort nicht mehr soll gelten,
> worauf soll der Glaube ruhn?
> Mir ist's nicht um tausend Welten,
> aber um Dein Wort zu tun.

Mit dem Gebet zum Herrn, daß ER das segnen wolle, was von IHM ist, übergebe ich die folgende Auslegung und Fragenbeantwortung der geistlichen Beurteilung des Lesers (1.Thes 5,21; Apg 17,11).

Warum fühlte sich der Verfasser genötigt, dieses Buch zu schreiben?

In den letzten Jahren wurde er immer wieder auf dieses Thema von jüngeren und älteren Gläubigen angesprochen. Manche lächelten über die Tatsache, daß man einen solchen Text überhaupt in unserer Zeit zum Gegenstand einer brüderlichen Erörterung machen kann, andere wiederum reagierten aggressiv und ablehnend, weil sie glauben, daß nur die „ewig Gestrigen" darüber sprechen und schreiben können. Auch gibt es solche, die sich noch nie intensiv und ganz aufrichtig mit der Auslegung dieses Textes beschäftigt haben, wohl aber darüber sprechen, als ob alles ganz einfach und sonnenklar wäre. Wir sollten sehr vorsichtig sein, ein zu vorschnelles Urteil über Gläubige zu fällen, die nicht alles genau so sehen, wie der Schreiber dieser Zeilen es sieht.

Nur wer sich wirklich den schwierigen Fragen und

Themen stellt, wird erkennen, wie wichtig es ist, *genau* zu lesen und nicht vorschnell etwas als Willen Gottes und biblische Lehre auszugeben, was durchaus nicht zwingend biblische Lehre sein muß.

Wir (der Leser und der Schreiber dieser Zeilen) sollten aufrichtig und selbstkritisch das Wort Gottes auslegen und immer die Frage im Herzen haben: HERR, wenn ich irre und Dein Wort bisher falsch verstanden habe, dann korrigiere mich (Jak 3,1)!

Oft waren es gerade Jungbekehrte, die diesen Text konsequent auf ihr Leben anwandten und ausleben wollten. Das brachte den Verfasser sehr zum Nachdenken. Eine kurze Begebenheit soll das veranschaulichen:

Petra (Name geändert) suchte in der Welt nach Frieden, Glück, Geborgenheit und Liebe. Aber sie fand alles dieses nicht. Parties, Diskothekenbesuch, Freundschaften usw. waren nur kurze, vorübergehende Freuden, die letztlich keine echte Erfüllung brachten.

Durch die Predigt des Wortes Gottes fand sie den HERRN Jesus und übergab Ihm ihr Leben. Sie wurde eine glückliche Christin und besuchte eifrig die Zusammenkünfte der Gläubigen, denen sie sich nun verbunden fühlte.

Aus der Bibel lernte sie, was Christus als Herr und Heiland für sie ist. So las sie nicht nur in den Gemeindezusammenkünften, sondern auch zu Hause intensiv mit gläubigem und gehorsamem Herzen die Bibel. Schließlich führte sie ihre persönliche Bibellese zum 1. Korintherbrief. Als sie das 11. Kapitel las, stockte sie, denn sie hatte bisher immer gedacht, daß die Kopfbedeckung eine typisch islamische Tradition sei. Als sie den Text sorgfältig studiert und darüber gebetet hatte, wollte sie auch diesem Wort gehorchen und sich nun auch beim Gebet bedecken. Bei einer Gebetszusammenkunft mit anderen erstaunten die Mitschwestern sehr, waren über das Verhalten der gerade jung Bekehrten sehr bestürzt und meinten, ob das denn nicht etwas überzogen wäre. Sie wolle wohl geistlicher sein als diejenigen, die schon länger dem HERRN nachfolgten. Einige belächelten sie auch. Daraufhin las sie den Text in 1. Korinther 11 den Anwesenden vor. Aber man winkte nur ab, und sagte: „Das galt damals den Korinthern, aber ist für uns heute völlig unverbindlich. Außerdem sind das doch nur Äußerlichkeiten."

Nun, die junge Schwester wurde unsicher und wollte niemandem ein Anstoß sein. Es waren doch treue Geschwister dabei, die sie von Herzen liebte. Die Gewissensbisse, die in ihrem Herzen zunächst doch zurückblieben, wurden schließlich durch weitere „Aufklärungen" leitender Brüder fast ganz verdrängt.

Nach einiger Zeit wurde diese junge Schwester infolge negativer Einflüsse von Ungläubigen dem HERRN untreu, verlor das Interesse am Bibellesen und ging zurück in die Welt.

Doch der HERR als der gute Hirte fand sie nach einigen Jahren wieder. Inzwischen will sie dem HERRN konsequent dienen und möchte sich nicht mehr von menschlichen Traditionen abhängig machen, sondern allein von dem Wort Gottes.

Ist es nicht oft so, daß wir zuerst alle unsere menschlichen Überlieferungen in das Licht Gottes bringen müssen, damit wir von dem Heiligen Geist zu einem entschiedenen Gehorsam unserem HERRN gegenüber befreit werden können? Und dann können wir *Seinen* Willen mit *Freuden* tun, weil wir es um *Seinetwillen* und für *IHN* tun, nicht weil es die Tradition so vorschreibt.

Es sollte hier an dieser Stelle besonders betont werden, daß man an äußeren Formen nicht deshalb festhalten sollte, weil *man* das immer so getan hat, weil *man* es nun einmal aus Gewohnheit so tut oder die Eltern und die Mitgläubigen es gern sehen, sondern weil man von Herzen überzeugt ist, daß es *Gottes Wille* ist. Damit soll nicht gesagt werden, daß Gehorsam gegenüber den Eltern und Rücksichtnahme auf die Empfindungen anderer Geschwister nicht Gott wohlgefällig seien. Aber Gott möchte mehr. Er möchte, daß wir aus geistlicher Einsicht handeln.

Eine bloß formale Übereinstimmung mit der Bibel in Äußerlichkeiten, Formen, Zeichen (z.B. Taufe, Brotbrechen, Kopfbedeckung, lange Haare bei Frauen und kurze Haare bei Männern) ohne eine wirklich geistliche Überzeugung wirkt hohl, kraftlos, verkrampft und aufgesetzt. Gott hat uns in Seinem Wort diese Dinge nicht nur um der Sache selbst willen gegeben, sondern weil ER uns damit auch geistliche und moralische Realitäten lehren will.

Nach diesen einleitenden Vorbemerkungen findet der Leser im folgenden zweiten Teil eine Auslegung von 1. Korinther 11,2-16, im dritten Teil werden Fragen zu dem gesamten Themenbereich beantwortet.

2. Auslegung von 1. Korinther 11,1-16

Vers 1: „Seid meine Nachahmer, gleichwie auch ich Christi."

Dieser einleitende Vers weist uns auf den Vorbildcharakter des Schreibers dieser inspirierten Zeilen hin. Er war ein Apostel, aber auch ein Nachahmer („mimētēs" = Nachahmer, Nachfolger) Jesu Christi. Weil er dies mit seinem ganzen Herzen war und nicht nur mit seinem Mund, konnte er diesen Vers unter der Leitung des Heiligen Geistes niederschreiben (vgl. dazu auch 1.Kor 4,16; 1.Thes 1,6 und Eph 5,1; 1.Thes 2,14; Heb 6,12).

Heute würde wohl kein einziger Bruder und keine Schwester zu sagen wagen: Seid meine Nachahmer, gleichwie ich Christi. In Hebräer 13,7 werden wir zwar aufgefordert, den *Glauben* unserer Führer nachzuahmen, doch das meint das Vertrauen, das diese Führer in allen Umständen Gott gegenüber besaßen. Dieses Gottvertrauen, diesen Glauben, sollten wir ebenfalls mit Herzensentschluß nachahmen. Möge Gott auch heute noch vermehrt solche Führer geben, die auf Grund ihres intensiven Gebetslebens und gottesfürchtigen Bibelstudiums ein unerschütterliches Vertrauen auf den lebendigen Gott, ihren himmlischen Vater, haben und sich weder von irgendwelchen geistigen Zeitströmungen mitreißen oder beeinflussen lassen, noch Menschenmeinungen fürchten, sondern sich selbst und das, was sie lehren, allein auf das geoffenbarte Wort Gottes stützen und durch dieses Wort beurteilen lassen.

Wenn wir nun aufgefordert werden, den Apostel Paulus nachzuahmen, dann sollten wir zunächst genau darauf achten, was er zu sagen hat. Sind wir bereit, seine ihm von Gott gegebenen Gedanken wirklich ernst zu nehmen?

Übrigens können wir diesen Vers 1 auch auf den vorherigen Teil des Kapitels 10 anwenden. Daher wollen wir die Verse 31-33 noch zusammen lesen:

„Ob ihr nun eßt oder trinkt oder irgend etwas tut, tut alles zur Ehre Gottes. Seid ohne Anstoß, sowohl Juden als Griechen, und der Versammlung Gottes; gleichwie auch ich mich in allen Dingen allen gefällig mache, indem ich nicht meinen Vorteil suche, sondern den der Vielen, auf daß sie errettet werden."

Diese Verse zeigen ein wenig von der vorbildlichen Gesinnung des Apostels Paulus, der bereit war, niemals seine eigenen Vorteile zu betonen, sondern alles zur Ehre Gottes tun wollte. Gott gebe uns diese Gesinnung des Apostels Paulus. Er konnte tatsächlich schreiben: „Seid meine Nachahmer!"

Worum geht es uns? Um Gottes Wohlgefallen oder um menschlichen Beifall?

Vers 2: „Ich lobe euch aber, daß ihr in allem meiner eingedenk seid und die Überlieferungen, wie ich sie euch überliefert habe, festhaltet."

Dieser Vers teilt uns drei wichtige Dinge mit:

1. Die Korinther hatten den Apostel Paulus nicht vergessen. Sie schätzten ihn als aufrichtigen, demütigen und vollmächtigen Knecht Gottes, und sie erfreuten sich an seinem Dienst, den er vom Herrn empfangen hatte.

2. Sie gedachten der Überlieferungen (paradosis = Überlieferung, Unterweisung) des Apostels und waren

ihnen gegenüber nicht gleichgültig, skeptisch oder feindlich eingestellt.

3. Sie hielten diese Überlieferungen oder Unterweisungen fest. Das Wort „katechō" (sicher und treulich festhalten, im Gedächtnis behalten, im Besitz behalten) wird in Matthäus 21,38 mit „in Besitz nehmen" und in Lukas 14,9 mit „einnehmen" übersetzt.

An verschiedenen Stellen werden wir aufgefordert, etwas festzuhalten:
1. Korinther 15,2: „... wenn ihr an dem Wort *festhaltet,* das ich euch verkündigt habe."
1. Thessalonicher 5,20-21: „Weissagungen verachtet nicht, prüfet aber alles, das Gute *haltet fest*."
Hebräer 3,6 : „... wenn wir anders den Ruhm der Hoffnung bis zum Ende standhaft *festhalten*."
Hebräer 3,14: „... wenn wir anders den Anfang der Zuversicht bis zum Ende standhaft *festhalten*."
Hebräer 10,23: „Laßt uns das Bekenntnis der Hoffnung unbeweglich *festhalten*."

Die Korinther dachten nicht nur an die Person des Apostels, der ein so vorbildlicher Nachahmer Christi war, sondern sie hielten auch seine Worte fest, die er ihnen überliefert hatte. Und das lobt der Apostel Paulus. Könnte er auch den Schreiber und die Leser dieser Zeilen loben, weil wir die inspirierten Worte festhalten?

Wir sollten auch noch die Äußerung „*wie* ich sie euch überliefert habe" bedenken.

Paulus legt Wert darauf, daß die Korinther seine Überlieferungen rein und klar – ohne theologische, soziologische oder kulturelle Interpretation – empfangen hatten und dementsprechend auch festhielten. Das ist gewiß auch für uns von großer Bedeutung.

Dem Bibelleser wird gewiß schon aufgefallen sein,

daß im Neuen Testament sowohl positive als auch negative Überlieferungen erwähnt werden. Von negativen, menschlichen Überlieferungen lesen wir in Matthäus 15,2.3.6; Markus 7,3.5.8.9.13 und in Galater 1,14; Kolosser 2,8, während in 1. Korinther 11,2; 2. Thessalonicher 2,15; 3,6 von positiven, gottgewollten Überlieferungen geschrieben steht.

Wenn der Herr Jesus in Matthäus 15,3 sagt: „Warum übertretet auch ihr das Gebot Gottes um *eurer* Überlieferungen willen?" und in Vers 6: „... und ihr habt so das Gebot Gottes ungültig gemacht um *eurer* Überlieferung willen", dann sollte uns das sicher zu denken geben. Diese Überlieferungen waren aus dem mosaischen Gesetz abgeleitete rabbinisch-pharisäische Satzungen der Alten. Später wurden diese im Talmud festgehalten.

Viele dieser Satzungen waren durch alttestamentliche Gebote überhaupt nicht zu stützen. Kennen wir diese menschlichen Satzungen nicht auch? Jahrhundertealte oder auch jahrzehntealte Gewohnheiten werden schließlich zu ungeschriebenen mündlichen Gesetzen, um endlich auch schriftlich festgelegt zu werden.

So kann es auch unter wahren Christen zu Überlieferungen kommen, die die ausdrücklichen Gebote Gottes ungültig machen. Andererseits sollten wir die von Gott durch Seine Apostel gegebenen Überlieferungen ernst nehmen und uns ihnen unterordnen.

Wenn die Korinther die Überlieferungen festhielten, sollten wir sie etwa loslassen, für ungültig erklären, sie einfach – ohne wirklich biblische Gründe dafür zu haben – als zeitbedingt weginterpretieren oder gar als die Privatmeinung des Apostels hinstellen? Möge uns Gott vor solch einer Haltung zur Bibel bewahren!

Das kleine Wort „überliefern" („paradidōmi", in Vers 2 wird das dazugehörige Hauptwort „paradosis" gebraucht) ist das Einleitungswort zu den folgenden Themen im 1. Korintherbrief:

1. Korinther 15,3-5: „Denn ich habe euch zuerst überliefert, was ich auch empfangen habe, daß Christus für unsere Sünden gestorben ist, nach den Schriften, und daß er begraben wurde, und daß er auferweckt worden ist am dritten Tage, nach den Schriften, und daß er Kephas erschienen ist, dann den Zwölfen."

Das Wörtchen „überliefern" ist hier das Einleitungswort für das wunderbare Kapitel, in dem uns die bedeutsame und grundlegende Tatsache über die Auferstehung des Herrn Jesus und der Gläubigen mitgeteilt wird.

1. Korinther 11,23.24: „Denn ich habe von dem Herrn empfangen, was ich auch euch überliefert habe, daß der Herr Jesus in der Nacht, in welcher er überliefert wurde, Brot nahm, und als er gedankt hatte, es brach und sprach: Dies ist mein Leib, der für euch ist. Dies tut zu meinem Gedächtnis ..."

Hier führt das Wörtchen „überliefern" in den Text über das Gedächtnismahl (Abendmahl) ein, durch das der Tod des Herrn verkündigt werden sollte, „bis Er kommt."

Alle drei Abschnitte sind von *grundsätzlicher* Bedeutung:

1. Korinther 11,1-16: die Schöpfungsordnung Gottes bezüglich der Stellung von Mann und Frau;

1. Korinther 11,23-34: das Gedächtnismahl (Abendmahl) als Zentralpunkt des christlichen Gottesdienstes und höchster Ausdruck christlicher Gemeinschaft;

1. Korinther 15,3-58: die Auferstehung Jesu Christi als Grundlage christlicher Auferstehungshoffnung.

Die Frage, der wir uns nun stellen sollten, ist diese: Mit welchem Recht besteht man auf einer zeit- und kulturunabhängigen Auslegung von 1. Korinther 15 und 1. Korinther 11,23ff., während der Abschnitt in 1. Korinther 11,1-16 von vielen Christen kulturhistorisch interpretiert wird? Wer bestimmt eigentlich, welcher Text in der Schrift kulturbedingt und welcher kulturunabhängig ist? Nach welchen zeitlichen und moralischen Maßstäben richtet man sich dabei? Etwa nach den Maßstäben der Vernunft? Aber die Vernunft mit ihren Wertungen ist ja bekanntlich zeit- und kulturabhängig. Doch wenn man nun meint, daß unsere Zeitepoche, unsere modernen Denksysteme und unsere von der gegenwärtigen Kultur bestimmten Moral- und Modevorstellungen Maßstab für die Auslegung von 1. Korinther 11,1-16 sein müßten, dann wäre es nötig, 1. Korinther 15 diesem Maßstab auch anzupassen und anders zu interpretieren (wie viele moderne Theologen es ja auch konsequenterweise getan haben), denn in unserer Zeitepoche gibt es keine Auferstehungen aus den Toten.

Merken wir, wie gefährlich die Behauptung ist, 1. Korinther 11,1-16 könne in unserer Zeit nicht mehr ernstgenommen werden?

Es ist schon bedauerlich, wenn ein bekannter Schriftausleger in seinem Vorwort zur Auslegung des 1. Korintherbriefes schreibt: „Wer diesen Brief verstehen will, muß ihn darum auch geschichtlich lesen. Er wird dabei auf Dinge treffen, die für uns geschichtlich vergangen sind ... Keine Frau trägt bei uns ein Kopftuch im Sinne der Apostelzeit. Und keiner von uns würde es als Schande empfinden, wenn eine Frau öffentlich redet."

An anderer Stelle schreibt er über 1. Korinther 11: „Wir müssen bei unserem ganzen Abschnitt bedenken, daß Paulus hier nicht eine Abhandlung von zeitloser Gültigkeit schrieb ... Das heutige Kopftuch ist kein ‚Zeichen' mehr. Mit ihm hat eine Frau heute keine Macht mehr auf dem Haupt."

Ein anderer bekannter Schriftforscher beginnt die Auslegung von 1. Korinther 11 mit den Worten: „Hier haben wir einen der Abschnitte vor uns, die primär orts- und zeitgebundene Bedeutung haben."

Bibelkritik beginnt oft im Verborgenen, indem sie bestimmte Schriftabschnitte relativiert, die insbesondere mit sogenannten Äußerlichkeiten zu tun haben, die zwar deutlich in der Bibel verankert sind, aber von der Bibelkritik als völlig untergeordnet oder sogar als überflüssig hingestellt werden. Schließlich folgt der nächste Schritt, der darin besteht, daß die Fundamente des Christentums historisch-kritisch beleuchtet werden, um schlußendlich die Wahrheit des Christentums ganz über Bord zu werfen.

Der Herr Jesus bewahre den Schreiber und den Leser dieser Zeilen vor diesem schrecklichen und zersetzenden Kritikgeist, der alles kritisiert, nur nicht wagt, sich selbst in das wunderbare Licht göttlicher Wahrheit zu stellen und aus Liebe zu dem Herrn Jesus das zu tun, was das neue Leben in uns doch wünscht, nämlich gehorsam zu sein (Joh 14,21-23). Der Gehorsam Gott und Seinem Wort gegenüber wird immer für uns selbst segensreiche Auswirkungen haben. Wahrer Gehorsam führt immer zu wahrer Freiheit und nicht zu gesetzlichem Zwang, und wahre Freiheit ist der Segen eines glücklichen, dem Herrn geweihten Christenlebens, das Christus als *das* Leben *bewußt* genießt.

Laßt uns nun mit der Auslegung des Textes fortfahren:

Vers 3: „Ich will aber, daß ihr wisset, daß der Christus das Haupt eines jeden Mannes ist, das Haupt der Frau aber der Mann, des Christus Haupt aber Gott."

Wenn der Apostel hier schreibt: „Ich will aber", dann ist das nicht sein rein persönlicher und vom Herrn Jesus unabhängiger Wille, sondern der Wille Dessen, dem er doch nachfolgt. Wenn Paulus sagt: „Ich will", dann sagt er das mit einem Herzen, das etwas begehrt, wünscht und entschlossen dahintersteht (vgl. 1.Kor 10,1; 10,20; 12,1; Kol 2,1 usw.).

Die Gläubigen sollten *wissen*. Dieses Wort (oida) drückt nicht nur eine intellektuelle Kenntnis von etwas aus, sondern betont die innere, bewußte Einsicht in einen Sachverhalt. Übrigens wird eine andere Form desselben Wortstammes in vielen anderen Stellen mit „sehen" übersetzt (vgl. z.B. 1.Kor 2,9 und Apg 26,13.16), woraus deutlich wird, daß es hier um die innere Einsicht und Erkenntnis einer Sache geht. Die sog. „Wisset-ihr-nicht-Aussagen" im 1. Korintherbrief haben alle dieses Wort: 3,16; 5,6; 6,2.3.9.15.16.19; 9,13.24.

Dreierlei sollten die Korinther und wir wissen:

1. Der Christus ist das Haupt des Mannes.

Der Mann soll sich dem auferstandenen und zur Rechten Gottes verherrlichten Menschen Jesus Christus unterordnen. Er ist nicht autonom, sondern den Anweisungen seines Hauptes unterstellt. Aber wie kann das praktisch verwirklicht werden? Nun, der Mann ist verpflichtet, sein Haupt täglich zu befragen. Er sollte im Gebet und im Hören auf Sein Wort alle Gedanken, Reden und Verhaltensweisen in der Ehe, Familie und im ganzen täglichen Leben von IHM bestimmen lassen. Wahre und innige Gemeinschaft mit dem Haupt ist das einzig wirkliche Bewahrungsmittel auf dem Weg durch diese Welt. Wir Männer wollen uns die bedenkenswerten Fragen stellen:

Sind wir täglich bereit, unser Haupt in allen Umständen zu befragen? Wieviel Zeit nehmen wir uns täglich zum Gebet und zum Lesen des Wortes Gottes? Welchen Einfluß haben Gewohnheiten, Traditionen, vorgefaßte Meinungen auf unser persönliches Leben? Kennen wir noch das Reden des Herrn Jesus zu unseren Herzen? Wissen wir noch um ein wahres Glaubensleben? Wodurch werden wir in unserem Ehe-, Familien- und Berufsleben bestimmt? Wie kommen wir zu unseren Werturteilen und Entscheidungen? Christus ist dein und mein Haupt, lieber Bruder. Das ist von größter Bedeutung. Wenn ich als Mann den HERRN Jesus Christus nicht persönlich in meinem Leben als Haupt kenne, wie will ich dann verstehen, was Christus als Haupt in den verschiedenen Bereichen Seiner Herrschaft ist? ER ist doch

- das Haupt über alles (alle Dinge; Eph 1,10.22), und so wird ER einmal über die ganze Schöpfung herrschen;
- das Haupt jedes Fürstentums und jeder Gewalt (Kol 2,10), und so sind IHM alle sichtbaren und unsichtbaren, guten und bösen Mächte unterworfen;
- das Haupt Seines Leibes (Eph 4,15; 5,23; Kol 1,18; 2,19), und das heißt, daß alle Bewegungen der Glieder des Leibes unter Seiner Autorität und unter Seinem Einfluß stehen sollten;
- das Haupt der Ecke (1.Pet 2,7; vgl. Mt 21,42; Mk 12,10; Lk 20,17; Apg 4,11), und das steht mit dem Haus Gottes in Verbindung; Christus bestimmt die Ausrichtung und Ordnung Seines geistlichen Hauses, zu dem ja alle „lebendigen Steine" (alle wahren Gläubigen) gehören;
- das Haupt des Mannes (1.Kor 11,3).

Wie wichtig ist es, daß wir Männer *unser Haupt* immer wieder betrachten, befragen, IHN, der voll Liebe, Erbarmen, Milde und Güte, aber auch heilig, gerecht, treu und wahrhaftig ist, damit wir fähig werden, Haupt der Frau zu sein. Müssen wir Männer nicht unser Versagen bekennen?

2. Der Mann ist das Haupt der Frau.
Die Frau ist also dem Mann untergeordnet. Das ist der Wille des Apostels Paulus, der im Auftrag Gottes schreibt. Es ist der Wille Gottes. Das zeigen auch die folgenden Schriftstellen:

Epheser 5,22.23: „Ihr Frauen, seid unterwürfig euren eigenen Männern, als dem Herrn. Denn der Mann ist das Haupt der Frau, wie auch der Christus das Haupt der Versammlung ist ..."

Kolosser 3,18: „Ihr Frauen, seid euren Männern unterwürfig, wie es sich geziemt in dem Herrn."

Titus 2,4.5: „auf daß sie die jungen Frauen unterweisen, ... den eigenen Männern unterwürfig zu sein, auf daß das Wort Gottes nicht verlästert werde."

1. Petrus 3,5: „Denn also schmückten sich einst die heiligen Frauen, die ihre Hoffnung auf Gott setzten, indem sie ihren eigenen Männern unterwürfig waren."

Aber was bedeutet das nun? Soll der Mann der Befehlshaber der Frau sein, soll er sie dirigieren und beherrschen? Durchaus nicht! Das Haupt spricht sinnbildlich von Intelligenz, Leitung und Führung. Der Mann soll seiner Frau einsichtige Anweisungen geben, sie in *Liebe* leiten (Eph 5,25) und ihr zeigen, daß er von seinem Haupt, Christus, gelernt hat. Wird die Frau sich dann nicht willig unterordnen? Könnte sich dann nicht auch das erfüllen, was wir in 1. Mose 2,18 lesen: „Es ist nicht gut, daß der Mensch allein sei; ich will ihm eine *Hilfe* machen, seines Gleichen (oder: ihm entsprechend)"?

Wenn die Frau sich als die wahre Hilfe ihres Mannes

versteht, könnte eine christliche Ehe dann nicht ein kleines Stück „Himmel auf Erden" sein?

3. Gott ist das Haupt des Christus.
Hier darf man natürlich nicht an die Dreieinheit Gottes denken. Innerhalb der Dreieinheit gibt es kein Haupt. „Der Christus" ist hier der Mensch Jesus, der von Gott auferweckt worden und als Mensch nun zu Seiner Rechten ist (vgl. Apg 7,56; Heb 2,9; Lk 22,27; 1.Kor 15,28). Christus ist Gott, aber ER hat sich erniedrigt (Phil 2) und wurde Mensch. Und *nur* als Mensch hat ER ein Haupt, nämlich GOTT.

Was dürfen wir zusammenfassend aus diesem Vers lernen?
Es gibt in der Schöpfungsordnung Gottes Autoritätsstrukturen, an die wir als Menschen, aber insbesondere als Gläubige absolut gebunden sind.

Natürlich – wir sind in der Tat „Himmlische" (1.Kor 15,48) und sollten himmlische Wesenszüge in der Welt offenbaren (vgl. Phil 2,15), aber wir sind auch Geschöpfe, einerseits natürliche Geschöpfe wie alle Menschen, andererseits aber auch bereits eine „gewisse Erstlingsfrucht seiner Geschöpfe" (d.h. der neuen Schöpfung, Jak 1,18). Als Kinder Gottes, die „den neuen Menschen angezogen haben, der nach Gott geschaffen ist in wahrhaftiger Gerechtigkeit und Heiligkeit" (Eph 4,24), „der erneuert wird nach dem Bilde dessen, der ihn erschaffen hat" (Kol 3,10), wollen wir dieser Welt zeigen, daß wir als Gottes Geschöpfe *gern* Seinen Willen im Blick auf Seine Schöpfungsordnung tun wollen. Christus, unser HERR, ist uns darin ein wunderbares Vorbild, denn obwohl Er Gott, der Sohn, war und als Mensch blieb, hat ER sich doch als Mensch SEINEM

GOTT und VATER untergeordnet und IHN als HAUPT anerkannt.

Vers 4: „Jeder Mann, der betet oder weissagt, indem er (etwas) auf dem Haupt hat, entehrt sein Haupt."

Zunächst wird folgendes verdeutlicht: Männer dürfen beten und weissagen. Das ist ein herrliches Vorrecht. Hoffentlich schätzen wir es richtig!

Beten – das ist das Reden mit Gott im Lobpreis, in der Danksagung und Anbetung, im Flehen und in der Fürbitte.

Weissagen – das ist das Reden zu den Menschen im Namen Gottes. Weissagen ist nach 1. Korinther 14,3 Reden zur Erbauung, Ermahnung und Tröstung, ein Reden aus der Gegenwart Gottes zu den Menschen. Wenn nun ein Mann zu Gott betet oder den Menschen weissagt, so soll nach Vers 4 eine bestimmte Ordnung eingehalten werden: Er soll nichts auf dem Kopf (dem Haupt) haben. In der sichtbaren Schöpfung gibt es kein Wesen, dem er unterstellt wäre, denn das drückt ja die Bedeckung aus, wie wir sogleich noch sehen werden. Seine Autorität, der er unterstellt ist, ist Christus als unsichtbares Haupt im Himmel. Wenn er nun mit bedecktem Haupt betet oder weissagt, entehrt er Christus, sein Haupt, denn er würde ja damit anzeigen, daß es neben Christus noch eine sichtbare Autorität gibt, der er unterstellt wäre. Christus würde damit auf die gleiche Stufe mit einer sichtbaren Autorität gestellt und somit der Einzigartigkeit Seiner Würde beraubt. Es ist also sehr wesentlich, daß der Mann beim Beten und Weissagen seinen Kopf entblößt, da er damit einerseits Christus ehrt und seine Abhängigkeit von IHM äußerlich dokumentiert, andererseits aber auch bereit ist, die Stellung einzunehmen, in die Gott ihn als Mann hineingestellt hat.

Vers 5: „Jede Frau aber, die betet oder weissagt mit unbedecktem Haupt, entehrt ihr Haupt, denn es ist ein und dasselbe, wie wenn sie geschoren wäre."

Auch hier wird festgestellt: Frauen können beten und weissagen. In unserem Text wird nicht über das Wann und Wo gesprochen, sondern nur darüber, daß es geschehen kann. Die Fragen nach dem Wann und Wo sollen im zweiten Teil, in der Fragenbeantwortung, beantwortet werden. Welch ein wunderbares Vorrecht für die Schwestern. Darf man an dieser Stelle einmal fragen: „Nutzt ihr, liebe Schwestern, dieses Vorrecht?"

Doch auch hier besteht eine Bedingung: Sie soll mit bedecktem Haupt (Kopf) beten und weissagen. Wenn sie unbedeckten Hauptes betet und weissagt, dann drückt sie damit folgendes aus:
– sie entehrt ihr Haupt (ihren Mann, nicht ihren Kopf);
– sie ist wie die Geschorene.

In Vers 3 sahen wir, daß der Mann das Haupt der Frau ist. Hier lernen wir nun, daß die Kopfbedeckung bei der Frau das sichtbare Zeichen der Tatsache ist, daß sie bewußt anerkennt, einer sichtbaren Autorität unterstellt zu sein, nämlich der Autorität des Mannes.

Wenn sie also mit bedecktem Kopf betet und weissagt, dokumentiert sie vor der sichtbaren und unsichtbaren Welt (Menschen- und Engelwelt) ihre Stellung als Frau, die nicht über den Mann herrschen und auch nicht dem Mann – in der Schöpfungsordnung – gleichgestellt sein will. Sie anerkennt die ihr von Gott gegebene Stellung in der Schöpfung und die Weisheit Gottes, die in der Erschaffung von Mann und Frau als unterschiedlichen und doch sich wunderbar ergänzenden Persönlichkeiten zum Ausdruck kommt.

Wenn sich nun eine Frau über das alles hinwegsetzt, wie das in der Christenheit ja inzwischen üblich ist, handelt sie wie eine Geschorene (exyrēmenē, Perf. Part. von „xyraō" = scheren, glatt rasieren).

Das Scheren (Rasieren) der Haare galt in alttestamentlicher Zeit bei Männern und Frauen als Zeichen der Schande, Entehrung, Schmach und Betrübnis (vgl. 3.Mo 10,6; 1.Chr 19,4-5; Jer 7,29; Hes 27,31; 44,20; Micha 1,16). Offensichtlich wurde das Geschorensein auch von den aus dem Heidentum stammenden Korinthern als schändlich angesehen (Vers 6).

Auch die Verbindung mit den Versen 14 und 15 macht deutlich, daß es *widernatürlich* ist (und auch damals für die Korinther war), wenn eine Frau „ihre Ehre" (Herrlichkeit) einfach abrasierte. Somit könnte man den Ausdruck „wie die Geschorene" auch mit den Worten umschreiben: diejenige, die ihre von Gott gegebene Herrlichkeit bewußt preisgibt.

Vers 6: „Denn wenn eine Frau nicht bedeckt ist, so werde ihr auch das Haar abgeschnitten; wenn es aber für eine Frau schändlich ist, daß ihr das Haar abgeschnitten oder sie geschoren werde, so laß sie sich bedecken."

Unser Vers deutet auf drei Aspekte hin, die wir näher beleuchten wollen:

1. Wenn sich eine Frau beim Beten und Weissagen nicht bedecken will, dann soll ihr auch das Haar abge-

schnitten werden. Hier steht „keirasthō" (3. Pers. Einzahl, Aorist 1, Befehlsform Medium). Es ist also ein Befehl: Man soll einer Frau die Haare abschneiden, wenn sie sich nicht bedecken will.

Der für „bedecken" benutzte Ausdruck „katakalyptomai" kommt im Neuen Testament nur in 1. Korinther 11,6.7 vor. Er meint „verhüllen mit einem Schleier bis zur Stirn" (W.Bauer).

Das Wort „keirō" bedeutet soviel wie „abscheren", „abschneiden", „abmähen" (Benseler). Im Neuen Testament bezeichnet es in Apostelgeschichte 8,32 die Schafschur und in Apostelgeschichte 18,18 das Scheren des Hauptes des Apostels Paulus. In der LXX (Septuaginta, griechische Übersetzung des AT aus dem 2. Jh. v. Chr.) wird dieses Wort für die Schafschur benutzt (1.Mo 31,19; 38,12; 5.Mo 15,19; Jes 53,7), aber auch für das Scheren der Haare beim Mann: Absalom und Hiob (2.Sam 14,26; Hiob 1,20). Die Revidierte Elberfelder, Rösch, Schlachter, Jerusalemer und Zürcher übersetzen ebenfalls „abschneiden". Dieser Ausdruck meint nicht so sehr „scheren", „kahlscheren", „rasieren" oder „mittellang schneiden", sondern einfach „abschneiden".

Eine Frau soll sich beim Beten und Weissagen bedecken. Wenn sie es nicht tun will, dann werde ihr auch das Haar abgeschnitten (keirasthō = Aorist Imperativ Medium von keirō) oder der Kopf rasiert. Einer Frau soll also das Haar abgeschnitten werden, wenn sie sich nicht bedecken will.

Und warum? Nun, wenn eine Frau nicht daran interessiert ist, sich der Ordnung Gottes unterzuordnen, dann soll sie das auch öffentlich durch das kurze Haar, das Männerhaar nämlich, deutlich machen.

Durch das kurze Haar, das Männerhaar, würde die Frau ihre weibliche Ehre (nämlich das lange Haar, V.

15) verneinen und damit sagen, daß sie mit Gottes Schöpfungsplan durchaus nicht einverstanden ist. In Gottes Augen ist das etwa so, als wenn wir eine glattrasierte Frau sehen und das als eine Schande empfinden.

2. Abgeschnittenes oder geschorenes Haar ist aber für eine Frau schändlich. Hier wird noch einmal das Wort „keirō" (abschneiden) gebraucht. Aber auch ein anderes Wort verwendet der Apostel: „xyraō". Dieser Begriff kommt noch ein einziges Mal in Apostelgeschichte 21,24 vor und wird mit „scheren" übersetzt. In der LXX finden wir ihn in 1. Mose 41,14; 3. Mose 13,33; 14,8; 21,5; 4. Mose 6,9.18.19; 5. Mose 21,12; Richter 16,17; 2. Samuel 10,4; 1. Chronika 19,4; Jesaja 7,20; Jeremia 16,6 usw. Es ist deutlich, daß dieses Wort mehr „kahlscheren" und „rasieren" bedeutet (W.Bauer). In Hesekiel 44,20 lesen wir: „Und sie (die Priester) sollen weder ihr Haupt kahlscheren (xyraō), noch auch das Haar frei wachsen lassen ..." In Micha 1,16 heißt es: „Mache dich kahl (xyraō) und schere dich (keirō), um der Kinder deiner Wonne willen ..." Hier werden noch einmal beide Begriffe (xyraō = kahlscheren, rasieren und keirō = abschneiden) zusammen in einem Satz gebraucht.

Insgesamt wird deutlich: Die beiden griechischen Wörter gehören zwar zum gleichen Wortfeld und können sich in Teilbereichen auch überschneiden, aber sie sind durchaus nicht deckungsgleich.

3. „Laß sie sich bedecken" (katakalyptestō, Befehlsform). Noch einmal appelliert der Apostel an das sittliche Empfinden der Frau. Der Apostel will sagen: Möchtest du, daß dein Haar abgeschnitten oder du geschoren wirst? Nein, du möchtest das nicht, denn du weißt, daß

es schändlich ist (11,15). Verweigerst du die Kopfbedeckung beim Beten oder Weissagen, dann ist das genauso schändlich, wie wenn du deine Haare abschneidest oder dich scherst. Du weißt doch, daß deine Haare, deine langen Haare, deine Ehre sind? Doch dann denke daran, daß du mit der Kopfbedeckung beim Beten und Weissagen deine weibliche Stellung in der Schöpfung ehrst. Du hast es einfach nicht nötig, wie ein Mann zu erscheinen, da Gott dich doch als weibliches Wesen, als Frau oder Mädchen, ehren will. Gott hatte gewiß eine Absicht, als ER dir ein weibliches Geschlecht gab. Sei doch wirklich ganz Frau!

Hast du es nötig, eine andere als die dir von Gott gegebene Stellung in Gottes Schöpfungsordnung einzunehmen?

Weitere Hinweise zum Thema „Frauenhaar":
Vielleicht sollten wir an dieser Stelle feststellen, daß Maria (Joh 12) und die Sünderin (Lk 7,38.44) mit ihren Haaren die Füße des Herrn abtrockneten. In Offenbarung 9,8 wird gesagt: „... sie hatten Haare wie Frauenhaare" (trichas gynaikōn). Die Haarlänge der Frauenhaare steht offensichtlich in eindeutigem Gegensatz zu den Männerhaaren.

Wie herrlich beschreibt der Bräutigam im Hohenlied die langen Haare der Braut:

„Dein Haar ist wie eine Herde Ziegen, die an den Abhängen des Gebirges Gilead lagern" (4,1; 6,5).

„Dein Haupt auf dir ist wie der Karmel, und das herabwallende Haar deines Hauptes wie Purpur, ein König ist gefesselt durch deine Locken" (7,5).

Darf ich hier an dieser Stelle einmal ein persönliches Wort an die lieben Schwestern richten? Habt ihr schon einmal für euer Frauenhaar, für euer langes Haar, dem HERRN gedankt? Ist euch das ein neuer Gedanke? Nun, dieses euer langes Haar ist doch nach Vers 15 „eure Ehre" (wörtl. „eure Herrlichkeit"). Das lange Haar des Nasiräers, „das Haar des Hauptes seiner Weihe" (4.Mo 6,7.18), sollte nach der Weihe auf das Friedensopfer gelegt werden und sozusagen als Wohlgeruch zu Gott aufsteigen. So wichtig und kostbar ist für Gott das Haar der Weihe. Das Haar des Nasiräers war damals der sichtbare Ausdruck eines gottgeweihten Lebens.

Liebe Schwester, erhalte dir auch äußerlich deine Weiblichkeit und verfalle nicht in den in der Welt häufig üblichen Männlichkeitswahn. Du wirst erleben, daß der HERR dich darin reich segnen wird, denn DEIN Schöpfer wollte dich als Frau, und ER liebt dich als Frau, nicht als Mann.

Vers 7: „Denn der Mann freilich soll nicht das Haupt bedecken, da er Gottes Bild und Herrlichkeit ist; die Frau aber ist des Mannes Herrlichkeit."

Der Mann ist Gottes Bild und Herrlichkeit, darum soll er sich nicht bedecken (verhüllen).

Gott möchte die Attribute Seines eigenen Wesens bei dem Mann sichtbar dargestellt sehen. Der Mann soll auf dieser Erde eine sichtbare Repräsentation Gottes sein, und ER möchte Seine Ehre, Seine Herrlichkeit, Seinen Abglanz, Seine Erhabenheit und Seine Majestät im Mann sozusagen geehrt sehen. So wie der Mensch in 1. Mose 1 in Gottes Bild erschaffen wurde, so soll jetzt der Mann – nun auch nach dem Sündenfall – Gottes *Bild und Herrlichkeit* sein.

Das Wort „Bild" meint, daß das Wesen von etwas oder von jemandem repräsentiert wird. So wird z.B. Christus als das Bild Gottes dargestellt (2.Kor 4,4;

Kol 1,15); die Gläubigen sind von Gott zuvorbestimmt, „dem Bilde seines Sohnes gleichförmig zu sein" (Röm 8,29). 2. Korinther 3,18 und Kolosser 3,10 weisen darauf hin, daß der Gläubige schon jetzt an diesem Prozeß der geistlichen Veränderung in Christi Bild teilhat; in der Herrlichkeit werden die Gläubigen das „Bild des Himmlischen" tragen (1.Kor 15,49).

Das Wort „Bild" kann auch benutzt werden, um Münzen oder Götzen darzustellen (Mt 22,20; Röm 1,23; Off 13,14). Auch an dieser Stelle müssen wir Männer uns fragen, inwieweit wir wirklich Gottes Wesen in der Welt und auch gegenüber unseren Frauen offenbaren.

Der Mann ist auch Gottes Herrlichkeit. Meint das nicht, daß der Mann Gottes Ehre, Seine Würde, Seine Ausstrahlung darstellt? Wie haben wir Männer doch in diesen Punkten versagt! Wie stellen wir den unsichtbaren Gott moralisch dar?

Die Frau ist des Mannes Herrlichkeit (doxa). Sie ist *nicht* des Mannes Bild, sondern dessen Herrlichkeit. Sie repräsentiert ihn nicht in dieser Welt, sondern sie ist seine Ehre, sein Ansehen, sein Abglanz (wie man „doxa" ja auch übersetzen kann).

Jemandes Bild zu sein bedeutet, ihn sichtbar zu repräsentieren; jemandes Herrlichkeit zu sein weist darauf hin, etwas von ihm auszustrahlen, z.B. bestimmte verborgene Wesenszüge zu offenbaren.

Unsere Mitmenschen können also auf Gottes Wesen und Eigenschaften schließen, wenn sie einen gläubigen Mann sehen; und sie können auf den Mann schließen, wenn sie dessen Ehefrau sehen. Welch eine Verantwortung haben die gläubigen Männer und Frauen in dieser Welt!

Verse 8-9: „Denn der Mann ist nicht von der Frau, sondern die Frau vom Mann; denn der Mann wurde auch nicht um der Frau willen geschaffen, sondern die Frau um des Mannes willen."

Zwei Begründungen erklären nun Vers 7 noch etwas näher:

1. Die Frau ist vom Mann. Das bedeutet auch, daß der Mann zuerst da war. 1. Timotheus 2,13 sagt: „... denn Adam wurde zuerst gebildet, danach Eva." Indem Gott Adam erschuf oder bildete, sah ER in ihm Sein Bild. Aus diesem Bild, nach diesem Muster, wurde Eva gebildet.

2. Die Frau wurde um des Mannes willen erschaffen. In 1. Mose 2,18 steht, daß Gott dem Adam eine Hilfe machen wollte. Somit ist die Frau die *Hilfe* des Mannes und nicht der Mann die Hilfe der Frau. Das bedeutet selbstverständlich *nicht,* daß der Mann der Frau nicht helfen soll, im Gegenteil, aus Liebe wird er ihr helfen, wo immer er nur kann. Doch das ändert an dem Grundsatz der Schöpfungsordnung nichts. Wir müssen das an dieser Stelle deutlich betonen, weil der sog. Feminismus und die Feministische Theologie gerade diesen Punkt auf den Kopf stellt und damit zeigt, aus welcher Quelle diese Bewegung ihre geistige Nahrung bezieht.

Vers 10: „Darum soll die Frau eine Macht auf dem Haupte haben, um der Engel willen."

Können wir nicht sagen, daß Vers 10 durch das Wort „darum" die Verse 7-8 endgültig begründet? Wir haben gesehen, daß der Mann das erste menschliche Geschöpf ist und die Frau um des Mannes willen erschaffen wurde, nicht umgekehrt. Nun wird in Vers 10 gesagt, die Frau soll eine Macht auf dem Haupt haben – aber wozu diese „Macht"? Es handelt sich hier um das griechische Wort „exousia", was soviel wie „Recht", „Autorität", „Macht", „Gewalt", auch „Überfluß", „Reichtum" und „Erlaubnis" bedeutet (Benseler, W.Bauer). Im 1. Korintherbrief wird es beispielsweise mit „Gewalt" (7,37; 15,24), „Recht" (8,9; 9,4.5.6; 9,12.18) und „Macht" (11,10) übersetzt. Die Frau soll eine Macht auf dem Haupt haben, weil sie nach den Versen 7-9

a) des Mannes Herrlichkeit (Ehre) ist,
b) nicht zuerst erschaffen wurde und
c) um des Mannes willen erschaffen worden ist.

Die Aussage „echein epi tēs kephalēs" kann wohl kaum anders übersetzt werden als mit den Worten „auf dem Haupt haben". Es muß also etwas sein, was nicht zum natürlichen Leib des Menschen gehört. Daher wird in verschiedenen Bibelübersetzungen die Anmerkung hinzugefügt: „ein Zeichen der Macht, unter der sie steht" (Elberfelder, Zürcher, Rev. Elberfelder usw.).

Die Bedeutung des Ausdruckes „Macht" wird somit diese sein: Die Frau steht unter der Autorität des Mannes. Woran ist das zu erkennen?

Natürlich sieht Gott immer zuerst das Herz an und erkennt, ob jemand etwas nur tut, weil *man* das eben so macht, oder ob es aus bewußtem Gehorsam und aus Liebe zu IHM getan wird. Aber Gott hat auch *sichtbare* Zeichen gegeben. Und an diesen Zeichen können Engel und Menschen erkennen, ob jemand Gottes Ordnungen anerkennt oder nicht. Die Kopfbedeckung beim Beten und Weissagen ist das sichtbare Zeichen dafür, daß die Frau unter keinen Umständen die Stellung eines Mannes *vor* Gott und *vor* Menschen einnehmen möchte. Wäre das als Begründung für die Kopfbedeckung denn nun nicht ausreichend? Offensichtlich nicht, denn es heißt noch: „um der Engel willen" (dia tous aggelous = wegen der Engel). Die Frau trägt also auch der Engel wegen eine Kopfbedeckung. Viele Christen finden diese Begründung seltsam und unverständlich. Aber ist sie es wirklich?

Welche Aufgaben haben die Engel in neutestamentlicher Zeit?
1. Sie sind himmlische Boten, Gesandte Gottes und dienen Gott. Ihr Dienst erstreckt sich auf die Wege Gottes mit den Menschen, besonders mit den Gläubigen, auf der Erde (Heb 1,14; Mt 13,49).

2. Im Neuen Testament sehen wir, daß sie Menschen im Auftrag Gottes erschienen sind, um Botschaften zu übermitteln (Lk 1,26; 2,13; Apg 8,26; 10,3.7.22; 12,7; 27,23f.; Off 5,2; 14,8 usw.) und zu helfen (Apg 5,19; 12,7.11; Heb 1,14).

3. Sie dienen Gott und dem Herrn Jesus als Gerichtsengel (Mt 13,41; 16,27; 24,36; 25,31; 26,53; Mk 13,27; 2.Thes 1,7 und Off 12,7).

4. Engel sind in der Lage, Geschehnisse auf der Erde zu sehen (Lk 15,10; 16,22; Joh 20,12; 1.Kor 4,9; 1.Tim 3,16) und das Reden der Menschen zu hören (1.Tim 5,21), obgleich sie natürlich als Geschöpfe Gottes nicht allgegenwärtig sind.

Wenn wir *laut* beten oder weissagen, hören das also auch die Engel. Sie können unser Verhalten beurteilen, denn sie kennen die Schöpfungsordnung. Waren sie nicht bei der Schöpfung dabei (Hiob 38,7)?
  In Epheser 3,10 wird gesagt, daß „den Fürstentümern und den Gewalten in den himmlischen Örtern

durch die Versammlung" die „gar mannigfaltige Weisheit Gottes" kundgetan wird. Da die Gläubigen nach Jakobus 1,18 eine „gewisse Erstlingsfrucht seiner (Gottes) Geschöpfe" sind, sollen gerade sie sowohl der Welt als auch den Engeln durch ihr Verhalten zeigen, daß sie Gott als *Schöpfer* ehren. Wenn sich also eine Frau beim Beten und Weissagen bedeckt, drückt sie dadurch aus,

– daß sie ein entschiedenes Ja zu Gottes Ordnungen hat;

– daß sie die Beziehung zwischen Mann und Frau in 1. Mose 2,18 vollständig akzeptiert;

– daß sie beim Beten und Weissagen durchaus nicht der sichtbaren und unsichtbaren Welt den Eindruck vermitteln will, sie wolle sich an die Stelle des Mannes setzen;

– daß sie auch akzeptiert, daß Eva als Repräsentantin des weiblichen Geschlechts durch die Schlange verführt wurde und dadurch in Übertretung gefallen ist: „... Adam wurde nicht betrogen, die Frau aber wurde betrogen und fiel in Übertretung" (1.Tim 2,14; wohl wurde Adam schließlich durch Eva verführt und empfing in 1. Mose 3 ebenfalls seine Strafe, aber Gott sagt uns in 1. Timotheus 2, daß Eva von der Schlange betrogen wurde; sie war die erste Betrogene in der Schöpfung Gottes und zerstörte durch ihr Handeln die von Gott gegebene Ordnung).

Ist damit nicht deutlich geworden, daß der Begründungssatz „um der Engel willen" nichts anderes bedeutet, als daß die Frauen mit der Kopfbedeckung allezeit den Engeln Gottes zeigen wollen, daß sie beim Reden zu Gott (beten) und beim Reden zum Menschen als „Aussprüche Gottes" (weissagen) niemals die Stellung des Mannes einnehmen oder sich über den Mann stellen wollen, so daß wir an dieser Stelle feststellen können, daß Gott uns durch den Apostel Paulus drei Gründe für die Kopfbedeckung beim Beten und Weissagen aufzeigen möchte?

1. Weil es die göttliche Ordnung so vorschreibt: Gott – Christus – Mann – Frau (V. 3);

2. weil es eine Schöpfungsordnung gibt (V. 7-9);

3. wegen der Engel, die Beobachter der Heiligen sind und um ihretwillen ausgesandt sind (vgl. Heb 1,14).

Übrigens beweist der Vers 10 klar, daß es sich hier in 1. Korinther 11 niemals um kulturbedingte Normen handelt, sondern um göttliche Normen, denn Engel interessieren sich nicht für äußere Kulturnormen, sondern für Gottes Schöpfungsordnung, die gültig bleibt, solange die Erde bestehen wird.

Verse 11-12: „Dennoch ist weder die Frau ohne den Mann, noch der Mann ohne die Frau im Herrn. Denn gleichwie die Frau vom Manne ist, also ist auch der Mann durch die Frau; alles aber von Gott."

Dieser Vers zeigt nun in aller Deutlichkeit, daß die Beziehung zwischen Mann und Frau nicht etwa auf einen Unterwürfigkeitszwang der Frau oder auf einen Herrschaftsanspruch des Mannes aufgebaut ist, sondern auf *göttliche* Ordnungsprinzipien, die einzig und allein zum *Segen* von Mann und Frau sind.

Mann und Frau sollten im Herrn heiraten (1.Kor 7,39), und ihre Beziehung untereinander in der Ehe basiert ebenfalls auf dem Grundsatz „im Herrn". Was ist nun ein Mann ohne seine Frau, was eine Frau ohne ihren Mann? Soll ihre Verbindung nicht durch Liebe und göttliche Ordnung geprägt sein? In der Tat ist die Frau vom Mann (vgl. 1.Mo 2,21-22), aber der Mann ist durch die Frau (*dia tēs gynaikos*). Gott hat die Frau aus der Rippe (Seite) des Mannes gebildet, somit ist sie von dem Mann.

Wir Männer sollten wohl daran denken, daß die Frau aus Gottes Hand hervorgegangen und als Hilfe für den Mann gedacht ist. Sie ist nicht da, um beherrscht zu werden, als ob sie nur Ohr, Hand oder Fuß wäre, sondern sie ist eine Hilfe, die genau das ergänzt, was dem Mann fehlt („ihm entsprechend").

Jeder Mann seit Eva ist nur deswegen vorhanden, weil es die Frau gibt. Männer sind immer Söhne von Müttern, die sie geboren haben. Das sollten wir Männer niemals vergessen. Insofern ist der Mann „durch die Frau". Wie sollten wir doch das weibliche Geschlecht an sich und als Ehemänner unsere Ehefrauen ehren. Haben wir nicht gelesen: „... die Frau aber ist des Mannes Herrlichkeit"? Wenn nun die Frau des Mannes Herrlichkeit ist, sollte sie das nicht auch merken?

Es heißt in unserem Vers weiter: „... alles aber von Gott." Gott ist der Schöpfer des Mannes und der Frau. Der Mann wurde aus dem Staub des Erdbodens gebildet und ist deswegen möglicherweise von Natur aus sehr viel mehr erd- und sachbezogen, während die Frau aus dem Mann gebildet wurde und daher mehr personenbezogen lebt. Beispiele aus der Kulturgeschichte der Menschheit und der Geschichte der Christenheit brauchen hier wohl nicht unbedingt als Beweis angeführt zu werden. Gläubige Männer und Frauen sollten nie vergessen, daß ihr materieller, personaler und moralischer Ursprung in der Existenz, in dem Willen, in der Kraft und Weisheit Gottes begründet liegt. Wenn sie Gottes Anweisungen daher ernst nehmen, wird es ihnen niemals zum Schaden sein, sondern sie werden Gottes Segen konkret in ihrem persönlichen Leben und in ihrem Ehe- und Familienleben erfahren dürfen.

Vers 13: „Urteilet bei euch selbst: Ist es anständig, daß eine Frau unbedeckt zu Gott bete?"

Zwei Dinge wollen wir in diesem Satz ein wenig besehen:

1. Urteilet bei euch selbst! Wie oft erwähnt der Apostel doch das Urteilen im 1. Korintherbrief. Das griechische Wort für „urteilen" („krinō") findet sich an folgenden Stellen: 2,2; 4,5; 5,3.12.13; 6,1.2.3; 6,6; 7,37; 10,15.29; 11,13.31.32. Das Wort „urteilen" bedeutet ein „Beschließen", ein „geistliches Nachdenken", wodurch man zu einem einsichtsvollen Urteil kommt (vgl. z.B. 1.Kor 7,37: im Herzen beschließen). Sowohl in Kapitel 7,37 als auch in Kapitel 11,31 wird von einem Beschließen oder Urteilen „bei sich selbst" bzw. „bei euch selbst" gesprochen. Für ein Urteil benötigt man nun Maßstäbe, nach denen man beurteilt. Bei den Korinthern war der Maßstab das Gewissen, das durch die Kenntnis der Heilsgeschichte, des Alten Testamentes und des schon bereits gepredigten Wortes Gottes (vgl. Apg 18,11; 1.Thes 2,13) geschärft sein konnte. Natürlich bleibt die Frage, ob das Gewissen wirklich Gottes Autorität höher achtet als die durch die Kultur, die Tradition oder die Gewohnheit gebildeten sittlichen Normen.

Fragen *wir* uns einmal ganz aufrichtig: Wenn eine Frage an uns herantritt, welche Maßnahmen ergreifen wir zuerst?
- Befragen wir zuerst unseren Verstand?
- Blicken wir auf unsere langjährigen Erfahrungen?
- Lassen wir unseren (manchmal etwas mißmutigen) Gefühlen freien Lauf?
- Sprechen wir zuerst mit solchen Geschwistern, die wahrscheinlich sowieso unserer Meinung sind, oder gehen wir mit unserer Fragestellung zu unserem

Herrn, beugen die Knie, beten um Licht und Verständnis, forschen in der Schrift und sprechen dann mit anderen gottesfürchtigen und einsichtsvollen Bibellesern über unser Problem?

Noch einmal: Wie kommen wir zu unseren geistlichen Werturteilen und Entscheidungen?

2. Ist es anständig ...? Dieses Wort (prepō) kommt in Matthäus 3,15; Epheser 5,3; 1. Timotheus 2,10; Titus 2,1; Hebräer 2,10; 7,26 vor und bedeutet: sich schicken, sich geziemen, passen, angemessen sein. – Es ist angemessen für eine betende und weissagende Frau, sich zu bedecken. Man kann nach den Ordnungsgrundsätzen Gottes und nach den voraufgegangenen Versen kaum zu einem anderen Urteil kommen. Es ist nicht anständig, weil man das eben in der griechischen oder jüdischen Kultur so machte, sondern weil es der Schöpfungsordnung Gottes entspricht. Übrigens beteten die Menschen in der griechischen Welt nicht zu Gott, sondern – wenn überhaupt – zu ihren Göttern und damit zu den Dämonen. Der Ausdruck „anständig" kann sich also nicht auf Kulturnormen beziehen. Wir halten hier einfach einmal die Frage in unseren Gedanken fest: *"Ist es anständig, wenn eine Frau unbedeckt zu Gott betet?"*

Lieber Leser, liebe Leserin, was ist deine Antwort? Bitte, mach es dir nicht gar zu einfach!

Verse 14-15: „Oder lehrt euch selbst nicht auch die Natur, daß, wenn ein Mann langes Haar hat, es eine Unehre für ihn ist, wenn aber ein Weib langes Haar hat, es eine Ehre für sie ist, weil das Haar ihr anstatt eines Schleiers gegeben ist?"

Wir wollen diese beiden Verse in vier Punkte untergliedern:

1. Auch die Natur ist unser Lehrmeister.
Was lehrt sie? Sie lehrt, daß langes Haar für den Mann eine Unehre ist, aber für die Frau eine Ehre. Zunächst sehen wir uns das Wort „Natur" (physis) ein wenig näher an. In den Schriften von Herodot, Solon, Aristophanes, Aristoteles und anderen wird der Begriff „physis" gebraucht, wenn die natürliche Beschaffenheit oder Eigenschaft, die Prägung, der Charakter, die Geschlechtsmerkmale oder die Wesensart von etwas näher bezeichnet werden sollen. Auch kann es die „Kreatur", das „Naturwesen" oder die einzelne „Art" (Spezies) bezeichnen (vgl. Theologisches Begriffslexikon).

Der Begriff „physis" steht auch für die Naturordnung. Der Stoiker Epiktet schreibt beispielsweise, daß die Natur die Geschlechter durch die Haare nach ihrer Ordnung unterscheidet (Dissertationes I,16.10).

In Römer 1,26 lesen wir z.B. von der Sexualität zwischen Mann und Frau als von einem „*natürlichen* Gebrauch". Es gibt also eine natürliche und eine unnatürliche Sexualität. Der Sexualtrieb zwischen Mann und Frau wird „natürlich", derjenige zwischen Mann und Mann bzw. Frau und Frau „unnatürlich" genannt.

Römer 2,14 spricht davon, daß die Nationen (Heiden) „von *Natur* die Dinge des Gesetzes ausüben", indem ihr Gewissen mitzeugt. Das weist darauf hin, daß ihr Tun von einem in ihnen wirksamen *Gesetz* der Sittlichkeit zeugt. Wir müssen somit von dem Vorhandensein eines gewissen moralischen Naturempfindens ausgehen, das dem Menschen innewohnt. Aus Judas 10 ist sogar ein gewisses sittliches Naturverständnis ableitbar.

Weitere Schriftstellen, wie Römer 2,27; 11,21.24; Galater 2,15 und Jakobus 3,7, wo uns der Begriff „physis" auch wieder begegnet, weisen darauf hin, daß es eine natürliche Abstammung gibt.

Es könnte gut sein, daß nun jemand sagt, daß ihn die Natur durchaus nicht das lange Frauenhaar und das kurze Männerhaar lehre. Doch ändert das nichts an der Tatsache, daß die Natur es dennoch objektiv tut, weil nämlich Gottes Wort es sagt. Es mag sein, daß auch in unserer Zeit viele Menschen sagen, Homosexualität sei normal und natürlich, dennoch lehrt die Natur das Gegenteil.

Ist es in den meisten Kulturen nicht auch heute noch so, daß in der Regel die Frauen das längere Haar tragen und die Männer das kürzere Haar? Als Paulus diesen Text schrieb, handelte es sich um einen inspirierten Text. *Gott* sagt also: Die Natur lehrt das! Wenn wir das nicht mehr so empfinden, sollten wir zumindest anerkennen, daß unsere Kultur sich immer mehr von dem, was die Natur lehrt, entfernt hat. Es ist schon sehr traurig, daß durch das Aufgeben natürlicher Empfindungen (natürlicher Geschlechtstrieb in Röm 1, natürliche Liebe in 2.Tim 3) unsere Kultur immer mehr dem moralischen Chaos entgegeneilt. Aber wollen wir als gottesfürchtige Christen, die den Schöpfer kennen, diesen Trend mitmachen? Oder wollen wir zu dem zurückkehren, was Gott durch die Apostel in Seinem HEILIGEN WORT niedergelegt hat?

Vielleicht ist es an dieser Stelle doch interessant, daß in Meyers Großem Taschenlexikon, Bd. 7, 1. Auflage 1981 unter dem Stichwort „Frau" zu lesen ist, daß das Kopfhaar einer Frau bei ungehindertem Wachstum eine größere Länge erreicht als bei einem Mann und daß die Frauen weniger zur Glatzenbildung neigen.

2. Wir sehen uns nun noch den Ausdruck „langes Haar" an. Das Wort, das hier steht, finden wir sonst nicht im

Neuen Testament. Im Gegensatz zu „thrix" (das meint einfach Haar) steht das in unserem Vers gebrauchte Wort „komē" für das typisch lange Frauenhaar. W.Bauer erklärt in seinem Wörterbuch zum Neuen Testament das Hauptwort „komē" einfach mit „*das Haar* v. Frauenhaar" und das Tätigkeitswort „komaō" mit „langes Haar tragen", „sich das Haar lang wachsen lassen". In Benselers Griechisch-Deutschem Wörterbuch, bearbeitet von Adolf Kaegi, liest man zu dem Begriff „komaō": „langes Haar tragen ... In Athen trugen die Jünglinge langes Haar nur bis ins 18. Jahr, wo sie ephēboi (herangewachsene Jünglinge) wurden."

In der LXX finden wir das Wort z.B. an folgenden Stellen:

3. Mose 19,27: „Ihr sollt nicht den Rand eures Haupthaares (komē) rund scheren, und den Rand deines Bartes sollst du nicht zerstören."

4. Mose 6,5: „Alle die Tage des Gelübdes seiner Absonderung soll kein Schermesser über sein Haupt (kephalē) gehen, bis die Tage erfüllt sind, die er sich für Jahwe absondert, soll er heilig sein; er soll das Haar (komē) seines Hauptes (kephalē) frei wachsen lassen."

Hesekiel 44,20: „Und sie sollen weder ihr Haupt (kephalē) kahlscheren (xyraō), noch auch das Haar (komē) frei wachsen lassen ..."

In allen obengenannten Stellen geht es um das Haupthaar des Mannes, in Hesekiel 44,20 wird gesagt, daß die Priester

– den Kopf nicht kahlscheren sollen (also kein Glatzkopf, wie es auch in 3. Mose 21,5 vorgeschrieben ist);

– das Haar nicht frei wachsen lassen sollen;

– das Haupthaar schneiden sollen.

Wenn wir 4. Mose 6,5 und Hesekiel 44,20 miteinander vergleichen, so ist es nicht sehr schwierig zu erkennen, daß der Ausdruck „komē" „langes Haar" meint.

3. Für den Mann ist langes Haar eine Unehre (atimia), für die Frau aber eine Ehre („doxa", nicht „timē"). Unehre (atimia) bedeutet hier Unehre im Sinn von Schmach und Schande (vgl. das Wort in Röm 1,26; in 1.Kor 4,10 steht „atimos" und wird mit „verachtet" übersetzt). Das lange Haar der Frau ist nicht nur ihre Ehre oder Kostbarkeit (timē), sondern ihre „doxa", das ist ihre Herrlichkeit. Wenn eine Frau ihre Haare abschneidet, beschneidet sie sich somit ihrer eigenen Herrlichkeit.

4. Das lange Haar ist der Frau anstatt eines Schleiers gegeben. Sie braucht also nicht als Verhüllte umherzugehen (vgl. folgende Schriftstellen: 1.Mo 24,65; 38,14.19; Hld 1,7). Schleier verbargen das Haupt der Frau nahezu vollständig. Damit blieben die Gesichter der Frauen vor den Mitmenschen fast ganz verborgen. Das ist nun nicht mehr nötig. Das lange Haar ist der Schleier der Frau.

Vers 16: Wenn es aber jemand gut dünkt, streitsüchtig zu sein, so haben wir solche Gewohnheit nicht, noch die Versammlungen Gottes."

Sollten Christen streitsüchtig sein? Nein! Sie wollen einfach den Willen Gottes tun. Der Apostel Paulus, seine Mitarbeiter und die Versammlungen Gottes haben die Gewohnheit der Streitsucht nicht. Über diesen Abschnitt sollte man nicht streiten. Er gehört zu dem Wort Gottes, und die Korinther und wir sollten uns dieser Tatsache bewußt sein.

Der Apostel schreibt doch nicht diesen ganzen Abschnitt, um dann letztlich zu sagen, das alles sei aber völlig unverbindlich. Genau das Umgekehrte meint er: Über diese Verse streiten wir nicht, denn sie sind jedem ernsthaft und aufrichtig forschenden Christen einsichtig.

Möge Gott uns SEIN WORT auch in diesem Punkt wieder wichtig werden lassen!

3. Fragen und Antworten

1. Frage:

Sie haben vom Beten und Weissagen der Frau geschrieben. Ist es richtig, daß sich 1. Korinther 11,1-16 auf das Zusammenkommen der örtlichen Gemeinde bezieht? Immerhin wird dieser Abschnitt in verschiedenen Bibelübersetzungen auf das Zusammenkommen als örtliche Gemeinde zum Gemeindegottesdienst angewandt (z.B. Zürcher, Schlachter, Hoffnung für alle).

Antwort:

Grundsätzlich sollten wir immer festhalten, daß die von manchen Übersetzern dem Bibeltext hinzugefügten Überschriften *nicht* zum inspirierten Text gehören. Einige Bibelübersetzungen enthalten deswegen solche Überschriften auch nicht. Wir müssen also aus dem Gesamtzusammenhang des Textes die Bedeutung der einzelnen Textstellen herausarbeiten.

a) Natürlich ist dieser Brief und damit auch unser Abschnitt an eine örtliche Versammlung geschrieben worden. Allerdings können wir weder aus dem vorangegangenen Text (10,23-33), noch aus den folgenden Versen (11,17ff.) schlußfolgern, daß wir es in unserem Abschnitt ausschließlich oder überhaupt mit dem örtlichen Zusammenkommen zu tun haben. Im Gegenteil: Vers 17 beginnt: „Indem ich aber dieses vorschreibe, lobe ich nicht, daß ihr nicht zum Besseren, sondern zum Schlechteren zusammenkommt. Denn fürs erste, wenn ihr als (in) Versammlung zusammenkommt, höre ich ..." Das Wort „dieses" bezieht sich auf das Folgende. Ich gebe einige andere Übersetzungen wieder:

Zürcher: „Folgendes aber gebiete ich, weil ich es nicht loben kann, daß es bei euren Zusammenkünften nicht besser, sondern schlimmer wird. Erstens nämlich höre ich, daß, wenn ihr in einer Gemeindezusammenkunft zusammenkommt ..."

Rösch: „Bei dieser Anordnung kann ich es nicht loben, daß eure Versammlungen statt zum Guten zum Schlimmen führen. Zunächst höre ich, daß bei euren Gemeindeversammlungen Spaltungen zutage treten."

Schlachter: „Das aber kann ich, da ich am Verordnen bin, nicht loben, daß eure Zusammenkünfte nicht besser, sondern eher schlechter werden. Denn erstens höre ich, daß, wenn ihr in der Gemeinde zusammenkommt, Spaltungen unter euch sind ..."

Wir sehen also, daß sich die Verse 17-19 nicht unmittelbar auf den Abschnitt von Vers 1-16 beziehen, sondern durch den Ausdruck „lobe ich nicht" einen Gegensatz zu Vers 2 bilden. Der Ausdruck „Denn fürs erste ..." weist darauf hin, daß es sich in den *folgenden* Versen um das Zusammenkommen handelt, während die Verse 1-16 mehr allgemein gehalten sind.

b) Kapitel 11,2 spricht von „Überlieferungen" (Unterweisungen), nicht nur für das Zusammenkommen an einem Ort. Im übrigen zeigen die Verse 3.8-9.12 ganz allgemeine Grundsätze der Schöpfungsordnung Gottes. Auch redet der Apostel immer von Mann und Frau, nicht von „Brüdern", wie z.B. in Kapitel 11,33. Der Apostel will hier eben nicht zuerst Anweisungen für die Ordnung in dem eigentlichen Zusammenkommen geben, sondern ganz allgemeine Prinzipien verdeutlichen.

Wir neigen sehr oft dazu, unser ganzes geistliches Leben auf die Zusammenkünfte der Christen zu beschränken, aber Gott macht das nicht. Er möchte uns immer mit Seinen Interessen und Prinzipien in Übereinstimmung sehen, unabhängig von unseren sicher vor Gott sehr wichtigen christlichen Zusammenkünften.

c) Zudem wird in 1. Korinther 14,34 gesagt: „Eure Frauen sollen schweigen in den Versammlungen, denn es ist ihnen nicht erlaubt zu reden, sondern unterwürfig zu sein, wie auch das Gesetz sagt. Wenn sie aber etwas lernen wollen, so sollen sie daheim ihre eigenen Männer fragen."

Wenn sich 1. Korinther 11,2-16 ausschließlich auf das Zusammenkommen der Christen beziehen würde, wären diese Verse im Widerspruch zu 1. Korinther 14,34. In 1. Korinther 14,34 steht das Reden in der örtlichen Versammlung im Gegensatz zum Schweigen. Der Zusammenhang des Kapitels 14 macht klar, daß es sich hier vorrangig um das Reden und Beten in Sprachen (V. 2.4.6.23.27) und um das Weissagen (V. 3.6.19.29) handelt.

Außerdem zeigt Kapitel 14,35 auch, daß in den öffentlichen Zusammenkünften als Versammlung (Gemeinde) von den Frauen keine Fragen gestellt werden sollen.

Wenn man die Verse 26-40 liest, erkennt man, daß dieser Abschnitt ganz besonders an die *Brüder* gerichtet ist. Es handelt sich um ein Zusammenkommen als örtliche Versammlung (Gemeinde). In einer solchen Zusammenkunft soll die Frau schweigen. Das Verbot des lauten Redens als Einzelne zu Gott (Beten) und zu den Menschen (Weissagen) in der Zusammenkunft der örtlichen Versammlung wird durch das Wort „Schweigen" klar ausgedrückt. „Schweigen" bedeutet hier selbstverständlich nicht, daß eine Frau in der örtlichen Versammlung etwa nur passiv beteiligt ist.

Noch einmal: *Schweigen* steht in Kapitel 14 im *Gegensatz* zum *Reden,* wie die Verse 28 und 34 zeigen. Der oft vorgebrachte Einwand, Schweigen müsse auch bedeuten, daß die Frau in dem örtlichen Zusammenkommen als Versammlung nicht singen dürfe, ist mit 1. Korinther 14 und anderen Schriftstellen nicht zu belegen.

d) Auch heißt es in 1. Timotheus 2,8: „Ich will nun, daß die Männer an jedem Ort beten, indem sie heilige Hände aufheben, ohne Zorn und zweifelnde Überlegung. Desgleichen auch, daß die Frauen in bescheidenem Äußeren mit Schamhaftigkeit und Sittsamkeit sich schmücken ... Eine Frau lerne in der Stille in aller Unterwürfigkeit. Ich erlaube aber einer Frau nicht, zu lehren, noch über den Mann zu herrschen, sondern still zu sein ..."

Die drei Wörter „en panti topō" (an jedem Ort) beziehen sich hier auf die Männer. Den Frauen wird *nicht* gesagt, daß sie an *jedem* Ort beten *sollen,* wohl aber, daß sie sich durch weibliche Tugenden auszeichnen sollten. Ausdrücklich wird betont, daß sie
– durch äußere Bescheidenheit,
– durch Gottesfurcht,
– durch Stille (Schweigen)
– und durch gute Werke charakterisiert sein sollten.

Es ist wohl angebracht, an dieser Stelle die Verse in 1. Timotheus 2,8-10 kurz im Zusammenhang zu untersuchen:

1. Timotheus 2,8 redet von den bedenkenswerten Kennzeichen der Männer („tous andras", mit bestimmtem Artikel, also betont) an jedem Ort. *Sie* sollen („bou-

lomai" bedeutet ein autoritatives Wollen, vgl. z.B. Kapitel 5,14; 6,9; 1.Kor 12,11; Tit 3,8)

– „an jedem Ort" beten („en panti topō"; vgl. den Ausdruck in Lk 4,37; 10,1; 1.Kor 1,2; 2.Kor 2,14; 1.Thes 1,8), das meint prinzipiell jeden Ort, Platz, Raum und jede Stelle, wo man zusammenkommen kann;

– „heilige Hände aufheben" („epairontas hosious cheiras"), wobei der Ausdruck „hosios" die Reinheit, Frömmigkeit und Unbeflecktheit der Hände und somit der Handlungen meint; hier geht es nicht um eine äußere Gebetshaltung, sondern um die Frage, ob meine Handlungen der Heiligkeit der Gegenwart Gottes angemessen sind, während

– „ohne Zorn" („chōris orgēs") mehr die innere Geisteshaltung betont: ungezügeltes Temperament, Negativgedanken; Gebete, die andere strafen sollen, gehören nicht in die Gegenwart Gottes (Rö 12,19; Eph 4,31; Kol 3,8; Jak 1,19-20);

– „und zweifelnde Überlegung" („kai diologismou"; vgl. das Wort in Rö 14,1; Phil 2,14; Jak 2,4), was soviel wie Vernunftschluß, Diskussion und Zweifel bedeutet; Gebete sind nicht dazu da, um sich gegenseitig die Meinung zu sagen, Streitpunkte auszufechten oder Anschuldigungen auszusprechen, sondern um zu dem lebendigen Gott zu reden.

1. Timotheus 2,9.10 fügt einige Kennzeichen der Frau hinzu, die besonders für unsere Zeit bedenkenswert sind. Manchmal hat man den Eindruck, als ob die Zusammenkünfte der Heiligen benutzt werden, um die neuesten modischen Kleidungsstücke vorzuzeigen. So ein Verhalten offenbart, wie irdisch unsere Gesinnung geworden ist. Das gleiche gilt auch letztlich uns Männern.

– „in bescheidenem Äußeren" („katastolē kosmiō") bezieht sich auf das nach außen hin sichtbare anständige Auftreten der Frau, das von einer nicht auffallenden, aber doch ordentlichen Kleidung geprägt sein soll (vgl. das Wort „kosmios" in Kap. 3,2, wo es mit „sittsam" übersetzt ist);

– „mit Schamhaftigkeit und Sittsamkeit sich schmücken" („meta aidous kai sōphrosynēs kosmein eautas"); diese Aussage bezieht sich auf die grundsätzliche Einstellung der Frau: sie schmückt sich mit *Schamhaftigkeit* (aidos), was soviel wie sittliche Scheu, Ehrgefühl, Ehrfurcht, Schamgefühl bedeutet; alles was ihrer weiblichen Würde und ihrem weiblichen Ehrgefühl zuwiderläuft, verabscheut sie; diese Einstellung ist ihr von Gott gegebener Schmuck;

– sie schmückt sich auch mit *Sittsamkeit* („sōphrosynē" = gesunder Sinn, Besonnenheit, Anstand; vgl. das Wort in Vers 15 und Apg 26,25), also mit einer gesunden Haltung, die von dem Wort Gottes geprägt ist, nicht von der Mode oder irgendeiner vorherrschenden geistigen Strömung;

– Frauen, „die sich zur Gottesfurcht" („theosebeia"; vgl. das Wort „theosebēs" in Joh 9,31, wo es in Verbindung mit dem Tun des Willens Gottes gebraucht wird) „bekennen", werden an „guten Werken" („ergōn agathōn") erkannt, nicht an „Haarflechten und Gold oder Perlen oder kostbarer Kleidung"; „plegma" meint „Flechtwerk der Haare"; „Gold oder Perlen" stehen für äußerlich angelegten Schmuck, der die Frau attraktiv erscheinen lassen soll; „kostbare Kleidung" („himatismō polytelei") betont den hohen Wert, das viele Geld, die Pracht und das Verschwenderische; alle vier Merkmale gehören *nicht* zu der geistlichen Haltung einer Frau, die dem Herrn Jesus anhangen will und IHN über alles liebt, sondern zur Welt, die den Herrn gekreuzigt hat.

Zusammenfassend darf noch einmal betont werden, daß der Kontext von 1. Korinther 11 und die für die Fragestellung wesentlichen Parallelstellen in 1. Korinther 14,34ff. und 1. Timotheus 2,8ff. beweisen, daß 1. Korinther 11,1-16 das Beten und Weissagen der Frau in den Zusammenkünften als Versammlung (Gemeinde) *nicht* meinen kann. 1. Korinther 11 steht sicher nicht im Widerspruch zu 1. Korinther 14,34 und 1. Timotheus 2,8ff.

Trotzdem ist es merkwürdig, daß 1. Korinther 11,1-16 zwischen zwei Abschnitten steht, die sehr wohl mit dem Zusammenkommen der Christen zu tun haben, nämlich dem Zusammenkommen zum Brotbrechen (vgl. 10,16 und 11,23ff.).

Zwischen den beiden genannten Versen werden drei grundlegende Belehrungen gegeben:

Zunächst wird in den Versen 18-22 klargestellt, daß ein Teilhaben am Götzendienst „Gemeinschaft mit den Dämonen" bedeutet, d.h., die Korinther (und wir) sollten unsere *Beziehungen,* die wir haben, sehr wohl überprüfen. Das „Ihr-könnt-nicht" von Vers 21 ist eindeutig. Licht und Finsternis haben eben keine Gemeinschaft, und der Tempel Gottes steht in keinem Zusammenhang mit Götzenbildern (vgl. 2.Kor 6,14.15).

Es folgt dann in den Versen 23-33 die Belehrung über die christliche Freiheit, das Verhalten unserem Nächsten gegenüber. Wie soll die *Beziehung* zu unserem Nächsten aussehen?

Das große Prinzip ist: *Rücksichtnahme:*
„Suche die Erbauung des anderen!"
„Tut alles zur Ehre Gottes!"
„Seid ohne Anstoß!"

„Sucht niemals euren Vorteil, sondern den der Vielen, auf daß sie errettet werden!"

Schließlich folgt Kapitel 11,1-16, wo es um die *Beziehung* zwischen den Geschlechtern geht und die Ordnung, die Gott darin sehen möchte.

Wenn wir als Christen zusammenkommen, stehen wir in einer gottgewollten *Beziehung* zueinander, die sehr wesentlich ist:
- Wir sollten vom Bösen getrennt sein;
- wir sollten rücksichtsvoll miteinander umgehen;
- wir sollten Gottes Schöpfungs- und Naturordnung im Bereich der Geschlechter beachten.

2. Frage:

Wo können die Frauen beten und weissagen? Wird der Ausdruck „Weissagen" im Neuen Testament nicht ausschließlich in Verbindung mit den Zusammenkünften als Versammlung (Gemeinde) gesehen?

Antwort:

Frauen können außerhalb der Versammlungszusammenkünfte weissagen (vgl. z.B. Apg 21,9) und beten (vgl. 1.Tim 5,5). Gibt es nicht genug Örtlichkeiten, diesen Dienst auszuüben? Es wäre sicher nicht angebracht, nun eine Liste mit den Örtlichkeiten aufzustellen, wo Frauen beten und weissagen dürfen. Entscheidend ist, daß 1. Korinther 14,34 und 1. Timotheus 2,8ff. beachtet werden. Zum zweiten Teil der Frage ist folgendes zu sagen: Weissagen heißt „prophetisch reden", d.h., jemand redet aus der Gegenwart Gottes zu anderen, um diese zu ermahnen, zu trösten oder auch um sie aufzuerbauen. Dieses Weissagen kann überall dort stattfinden, wo 1.

Korinther 14,34 und 1. Timotheus 2,8ff. nicht außer Kraft gesetzt werden. Man lese dazu z.B. Apostelgeschichte 2,17; 21,9-10 usw. Weissagung ist durchaus nicht *nur* auf das Zusammenkommen als örtliche Versammlung (Gemeinde) beschränkt (1.Thes 5,20).

3. Frage:

Worauf beziehen sich die Ausdrücke „beten und weissagen" in dem Abschnitt von 1. Korinther 11,1-16 konkret? Geht es um ein hörbares oder ein nicht hörbares Beten? Könnte es sein, daß es sich hier um das Beten und Weissagen einer Mutter vor ihren Kindern handelt, oder ist hier das eheliche Gebet gemeint? Darf eine Frau in Anwesenheit von Männern beten?

Antwort:

Obwohl es aus dem Wortlaut und dem Zusammenhang nicht mit letzter Eindeutigkeit zu entnehmen ist, können sich die Verse 4 und 5 wohl nur auf ein lautes Beten beziehen, da das Wort „beten" in unmittelbarem Zusammenhang mit dem Wort „weissagen" steht. Weissagen kann man ja nur laut. Außerdem ist es nur sehr schwer einzusehen, wieso eine Frau beim nicht hörbaren und unbedeckten Beten ihr Haupt, den Mann, entehrt.

Können Engel gedankliches, akustisch nicht hörbares Beten hören? Wenn wir das verneinen, dann können wir nur folgende Schlußfolgerung ziehen: Engel schauen und hören nicht in unsere Gedankenwelt, daher können sich die Verse 10 und 13 auch nur auf das laute Beten beziehen. Vers 13 sagt, daß es anständig sei, wenn eine Frau bedeckt zu Gott betet. Die Bedeckung ist ein *äuße-*

res Merkmal, ein Zeichen für die Engel, und setzt daher auch das laute Beten voraus.

Die andere Frage lautet: Ist hier an das Beten und Weissagen einer Mutter vor den Kindern gedacht?

Woran der Geist Gottes und der Apostel Paulus dachte, ist aus dem Text nicht unmittelbar erkennbar. Hier ist weder von einer Mutter noch von Kindern die Rede. Daher sollte man diese Begriffe auch nicht hineindenken und -legen. Natürlich kann sich das Beten und Weissagen auch auf das eines Vaters oder einer Mutter *vor* den Kindern beziehen, aber eine textgebundene Auslegung umfaßt eben mehr als nur solche Teilbereiche.

Die weitere Frage lautet: Handelt es sich um das eheliche Gebet? Kapitel 11,3 sagt, daß das Haupt der Frau nicht „ihr Mann", sondern *"der* Mann" ist; auch die Verse 7-9 sind sehr allgemein gehalten. Andererseits könnte der Vers 5 (*"ihr* Haupt" = ihr Ehemann) durchaus auf die Verbindung von Mann und Frau in der Ehe hinweisen. Dann würden die Verse 11-16 zwar den Schöpfungsgrundsatz betonen, aber die praktische Verwirklichung in bezug auf das Verhalten von Mann und Frau in der Ehe durchaus einbeziehen, jedoch nicht darauf beschränken.

Es ist meine Überzeugung, daß es nicht falsch ist, wenn Mann und Frau in der Ehe zusammen laut beten. Mann und Frau sollten darüber in einer geistlichen Gesinnung einig werden. Ich kenne keine Stelle, die das laute Beten der Frau mit ihrem Mann direkt oder indirekt ausschließt. Ich kenne aber auch keine Stelle, die es direkt oder indirekt gutheißt.

Bei einem lauten Beten der Frau wird natürlich die göttliche Ordnung in bezug auf Mann und Frau Auswirkungen haben. Diese erstrecken sich in erster Linie auf ihre Einstellung und ihr Verhalten und sicherlich auch auf ihre Gebetsinhalte.

Schließlich wird gefragt, ob eine Frau überhaupt in Gegenwart von Männern beten und weissagen darf.

Hier gibt es unterschiedliche Antworten, die an dieser Stelle wiedergegeben und näher besehen werden sollen:

Antwort a)
Aufgrund von 1. Timotheus 2,8.12 lehnt man das Gebet einer Frau in Gegenwart von Männern ab, weil erstens keine Stelle der Schrift die Frauen zum Gebet in Gegenwart von Männern auffordere; weil zweitens in einem öffentlichen Gebet die Frau Autorität über den Mann und sein Gewissen ausüben würde, was durch das griechische Wort „authenteō" (herrschen, von sich aus oder eigenmächtig Autorität ausüben) angedeutet werde; wenn eine Frau in Gegenwart von Männern beten und ihre Anliegen in der Wir-Form ausdrücken würde, dann würde sie über den Mann sittlich herrschen; und drittens zeige der Gesamtzusammenhang der Schrift deutlich, daß eine Frau in Gegenwart von Männern *immer* zurückhaltend sein solle.

Der bekannte Theologieprofessor Adolf Schlatter schreibt in seinen Erläuterungen zum Neuen Testament über 1. Timotheus 2,8 folgendes: „Nicht nur an bestimmten Orten sollen die Frauen zurücktreten, etwa im Saal, den die Gemeinde gewöhnlich für ihre Versammlungen benutzt, oder an öffentlichen Orten in der Gegenwart Fremder, sondern überall, wo es sei, soll der Mann der Beter sein. Er würde es auch in der Familie schwerlich für richtig gehalten haben, wenn der Mann das Gebetsrecht an die Frau abträte." In einer weiteren

Anmerkung schreibt Schlatter: „Eine gesetzliche Weise, die für alle Fälle Regeln aufstellen will, lag niemals im Sinn des Apostels."

Antwort b)

In vielen Stellen des Neuen Testaments werden Frauen im Dienst für den Herrn erwähnt, z.B. Phöbe als Dienerin der Versammlung in Kenchreä (Röm 16,1); Priska im gemeinsamen Dienst mit ihrem Mann Aquila (Röm 16,3-4; Apg 18,26 usw.); Maria, die für die Gläubigen in Rom sehr gearbeitet hat (Röm 16,6); Persis, die Geliebte, die viel gearbeitet hat im Herrn (Röm 16,12). Sollten diese wertvollen Schwestern niemals in Gegenwart von Männern in der Arbeit für den Herrn gebetet haben?

Außerdem zeige 1. Korinther 11,2ff. deutlich, daß Frauen beten und weissagen dürfen. Auch beweise der Vers in 1. Korinther 7,25 klar, daß der Apostel z.B. kein Gebot für die Jungfrauen vom Herrn empfangen habe. Weiter gäbe es auch Übersetzungen, die 1. Timotheus 2,8 wie folgt wiedergäben: „So will ich nun, daß die Männer an jedem Ort beten, indem sie heilige Hände aufheben, ohne Zorn und Zweifel; desgleichen auch die Frauen." Im übrigen beziehe sich der Text in 1. Korinther 14,34 nur auf ein Quasseln, ein Dazwischenreden der Frauen. Wenn man Lukas 2,36; Apostelgeschichte 1,14; 2,17; 12,12ff.; 16,13 und 21,5.9 im Zusammenhang läse, würde man merken, daß auch Frauen in Anwesenheit von Männern gebetet hätten.

Antwort c)

Aufgrund von Galater 3,28 gibt es nicht Mann und Frau, daher solle in diesen Fragen völlige geistliche Freiheit herrschen.

Antwort d)
Wir müssen die Bibel an unsere Kultur, an unsere zur Zeit gültigen sittlichen Normen anpassen. Im Zeitalter der Emanzipation der Frau dürfe es keine Benachteiligung für die Frau in geistlichen Dingen geben. Ein Lehr-, Gebets- und Predigtverbot widerspreche unserer modernen Zeit. Es gelte der moralische Grundsatz von Römer 14,3.5.

Nun sind dem Leser vier Auffassungen vorgelegt worden. Für welche würde er sich entscheiden?
Vielleicht für a), weil hier die Autorität eines Theologieprofessors dahintersteht;

vielleicht für b), weil hier doch durch viele Stellen des Neuen Testaments die Freiheit der Frau zum Gebet in Gegenwart von Männern bewiesen werde und damit die Anzahl von Bibelstellen Autorität wäre;

vielleicht für c), weil Christen doch zur Freiheit berufen sind (Gal 5,1) und wahre geistliche Freiheit nicht von irdischen Ordnungsprinzipien unterjocht werden darf, somit würde man sich doch der Autorität wahrer geistlicher Freiheit unterstellen;

vielleicht aber auch d), weil wir doch unseren Mitmenschen keinerlei Anstoß sein sollen und damit der Ungläubige mit seiner Kultur Autorität für das Verhalten des Gläubigen wäre.

Wenn der Verfasser dieser Schrift nun alle diese Auffassungen noch einmal im Licht der Heiligen Schrift prüft, dann behauptet er natürlich nicht, daß er nun den „Stein der Weisen" gefunden habe. Er bittet den Leser darum, alle Auffassungen von a) – d) und auch die jetzt folgenden Gedanken im Licht der Wahrheit zu prüfen.

1. Auf die in Punkt c) und d) geäußerten Auffassungen

soll nicht weiter eingegangen werden, da das schon kurz an anderen Stellen geschehen ist. Mit einer bibelorientierten Auslegung haben diese Auffassungen nichts zu tun; sie müssen als völlig unbiblisch verworfen werden.

2. Die unter Punkt b) geäußerten Gedanken erscheinen bei etwas näherem Hinsehen doch sehr fragwürdig. Wenn der Leser die angeführten Bibelstellen prüft, wird er das gewiß feststellen:

– Die aus Römer 16 angeführten Schriftstellen sind kein Argument für das Gebet einer Frau in Gegenwart von Männern, da hier eben von „dienen" und „arbeiten" geschrieben steht, nicht von „beten", „weissagen" oder „predigen". Das entspricht denjenigen Schriftstellen, die von „Dienst" und „guten Werken" reden (vgl. z.B. 1.Tim 2,10; Apg 9,36ff.; 16,15; Tit 2,3-5).

– 1. Korinther 7,25 steht im Zusammenhang einer Belehrung über Ehefragen. Den Jungfrauen wird hier nur gesagt, daß sie treu sein sollen, d.h. rein bleiben sollen in dem Stand, in den sie von Gott berufen worden sind. Über Gebet oder Dienst wird an dieser Stelle gar nicht gesprochen.

– Apostelgeschichte 1,14 sagt nur, daß die Apostel mit etlichen Frauen und Maria beteten. Es wird nichts darüber gesagt, ob die Frauen laut oder leise beteten. Wenn wir nur diesen Text hätten, könnten wir uns für das eine *und* das andere entscheiden.

– Apostelgeschichte 2,17 ist ein Zitat aus Joel 2 und sagt nichts anderes als dieses: Söhne, Töchter und Mägde werden weissagen. Auch hier wird nicht mitgeteilt, wo, wann und vor wem sie weissagen werden. Der Zusammenhang macht klar, daß hier nur betont werden soll, daß durch die Kraft des Heiligen Geistes z.B. geweissagt würde.

– Apostelgeschichte 12,12ff. zeigt uns zweierlei: Es

beteten mehrere Personen in dem Haus der Maria. Mindestens eine Frau war mit Sicherheit anwesend: Rhode. Wahrscheinlich war auch die Eigentümerin da: Maria. Aber auch diese Verse können nicht als Argument für das laute Beten der Frauen in Gegenwart von Männern angeführt werden.

– Apostelgeschichte 16,13 spricht von einem Ort, wo es gebräuchlich war, das Gebet zu verrichten (wahrscheinlich, weil es in Philippi keine Synagoge gab). Hier waren Frauen zusammengekommen, denen Paulus das Evangelium verkündigte. Diese Frauen waren aber offensichtlich keine christlichen Frauen. Der Text sagt uns nicht ausdrücklich, daß sie zum Gebet zusammengekommen waren. Vielleicht war das der Fall, aber es steht eben dort nicht. Es heißt: „... wo es gebräuchlich war, das Gebet zu verrichten." Auch hier finden wir kein Argument für das laute Beten der Frau in Gegenwart von Männern.

– In Apostelgeschichte 18,26 lesen wir, daß Priscilla und Aquila den Apollos in ihr Haus einluden, um ihm den Weg Gottes genauer auszulegen. Nach der 26. Auflage des Novum Testamentum Graece muß der Name der Frau, Priscilla, zuerst stehen. Beide redeten also mit Apollos. Es war in ihrem Haus. Wenn Priscilla hier zusammen mit ihrem Mann das Wort Gottes auslegen darf, sollte sie dann nicht auch in Gegenwart ihres Mannes und des Apollos beten dürfen? So könnte man jedenfalls fragen. Auch hier sollten wir vorsichtig sein, zu schnell voreilige Schlußfolgerungen zu ziehen. Wir müssen zunächst eindeutig feststellen, daß Priscilla und Aquila mit Apollos in ihrer Wohnung über geistliche Themen redeten. Der griechische Text sagt wörtlich: „... und legten ihm den Weg Gottes sorgfältig (genau, fleißig, gewissenhaft, mit Akribie) aus." Man kann auch sagen, daß sie ihm den Weg Gottes genau und gewissenhaft auseinanderlegten oder darlegten. Hier wird nicht das Wort „didaskō" (lehren) benutzt, wie in 1. Timotheus 2,12, sondern das Wort „ektithēmi" (auseinandersetzen), was nur noch in Apostelgeschichte 7,29 (jmd. aussetzen); 11,4 (jmd. etw. auseinandersetzen) und 28,23 (die Wahrheit auslegen) gebraucht wird. Aber was bedeutet der Ausdruck „Weg Gottes"? Man muß wohl annehmen, daß dieser Ausdruck alles das beinhaltet, was mit der Wahrheit des Christentums zu tun hat. Vielleicht entspricht es den Ausdrücken in Apostelgeschichte 9,2; 19,9 und Apostelgeschichte 24,14; 24,22. – Wir können diese Stelle also nicht als Beweis für das Gebet der Frau in Gegenwart von Männern anführen, allerdings zeigt sie deutlich, daß eine Frau im frühen Christentum im Bereich des Hauses sehr wohl aktiv an geistlichen Gesprächen über die Wahrheit Gottes teilnahm und in unserem Fall Priscilla vielleicht auch die meiste Einsicht in die Gedanken Gottes hatte.

– Apostelgeschichte 21,5 zeigt uns, daß der Apostel Paulus bei seinem Abschied von Tyrus mit den ihn geleitenden Männern, Frauen und Kindern am Ufer niederkniete und betete. Wörtlich heißt es: „... und wir knieten am Ufer nieder und beteten." Wer betete? Wahrscheinlich der Apostel und seine Mitarbeiter. Als Beweis für ein lautes Beten der Frauen in Gegenwart von Männern kann diese Schriftstelle wohl kaum herhalten. Sie spricht für sich genommen aber auch nicht dagegen.

– Apostelgeschichte 21,9 sagt uns, daß die Töchter des Evangelisten Philippus weissagten. Wo und in Gegenwart von wem, bleibt uns verborgen.

– Lukas 2,36ff. berichtet uns von der vierundachtzigjährigen Anna, einer Witwe aus dem Stamm Aser. Diese wich nicht vom Tempel und diente Tag und Nacht mit Fasten und Flehen. Nach der Geburt des Herrn Jesus trat sie hinzu, lobte den Herrn und redete „von ihm zu allen, die in Jerusalem auf Erlösung warteten." Offensichtlich war es Gottes Wille, daß sie in jener Zeit diesen Dienst tat. Übrigens gab es hier noch kein Christentum, sondern Christus war gerade geboren worden. Es scheint sich wohl um eine Ausnahmesituation zu handeln, ähnlich wie bei Debora und Hulda.

– Die Tatsache, daß manche meinen, „reden" in 1. Korinther 14,34 bedeute „Quasseln" oder so etwas ähnliches, erscheint wirklich völlig absurd. Das griechische Wort „laleō" kann zwar im klassischen Griechisch auch „plaudern", „schwatzen", „plappern" bedeuten, aber das kann dem Zusammenhang nach hier niemals gemeint sein. Erstens wird es hier in 1. Korinther 14 auf das „Weissagen" und „In-Sprachen-Reden" angewandt; zweitens hat es die Bedeutung von „Schwatzen" im ganzen Neuen Testament nicht, im Gegenteil, es wird sehr oft auf das Reden des HERRN angewandt (vgl. Mt 13,3; 13,13; Joh 8,12; 17,1 usw.); drittens wird in 1. Korinther 14,34 nicht gesagt, daß die Frauen wohl ordentlich reden dürfen, aber eben nicht schwatzen sollen, sondern das „Reden" steht dem „Schweigen" gegenüber. Die Frauen sollen schweigen in den Versammlungen. Wenn man die Verse 34-35 liest, wird der Sachverhalt deutlich. Aber selbst, wenn es „schwatzen" bedeutete, dann würde letztlich nichts anderes herauskommen. Es hieße dann: „Eure Frauen sollen schweigen in den Versammlungen, denn es ist ihnen nicht erlaubt zu schwatzen, sondern unterwürfig zu sein, wie auch das Gesetz sagt. Wenn sie aber etwas lernen wollen, sollen sie daheim ihre eigenen Männer fragen; denn es ist schändlich für eine Frau, in der Versammlung zu schwatzen." Es heißt eben *nicht:* „Eure Frauen sollen beten (weissagen, lehren, predigen, nüchtern reden) in den Versammlungen, denn es ist ihnen nicht erlaubt zu schwatzen …" – Auch Vers 35 gäbe keinen Sinn, denn das Wort „fragen" müßte dann eigentlich ein „schwatzendes Fragen" sein. Wenn die Frau in den Versammlungen noch nicht einmal fragen darf, sollte sie dann problemlos weissagen und laut beten dürfen? Nein, sie soll „schweigen". – Übrigens sollten wir Vers 36 nicht übersehen: „Oder ist das Wort Gottes von euch ausgegangen? Oder ist es zu euch allein gelangt? Wenn jemand sich dünkt, ein Prophet zu sein oder geistlich, so erkenne er, was ich euch schreibe, daß es ein Gebot des Herrn ist."

Wollen wir erkennen?
Sind wir geistlich?

– 1. Timotheus 2,8 kann man nicht so übersetzen, wie es vielleicht einige wenige Bibelübersetzungen tun. Das „Ich will nun" kann stillschweigend in Vers 9 hinzugefügt werden. Es müßte dann heißen: „Ich will nun, daß die Männer ... Desgleichen will ich, daß die Frauen ..." Das „Ich will nun" leitet zwei Infinitivsätze ein, die durch das Wort „desgleichen" miteinander verbunden werden.

Die Argumente der Auffassung b) sind somit auch nicht sehr einleuchtend und müssen im wesentlichen abgewiesen werden, wobei allerdings einige erwähnte Schriftstellen noch einmal näher untersucht werden sollten.

3. Wenden wir uns nun der Argumentation unter a) zu. Hierbei geht es besonders um die Auslegung von 1. Timotheus 2,8 und 2,12. Was bedeutet nun 1. Timotheus 2,8 konkret?

Wir wollen uns hier nur mit dem ersten Teil des Verses befassen und sehen, was er beinhaltet: Den Ausdruck „Ich will" (boulomai) gebraucht der Apostel Paulus insgesamt viermal: Philipper 1,12; 1. Timotheus 2,8; 5,14; Titus 3,8. Es ist der ausdrückliche Wunsch, Ratschluß, Plan, Wille des Apostels. Das Hauptwort „boulē" wird häufig mit „Ratschluß", aber auch mit „Rat", „Ratschlag" oder „Wille" übersetzt (vgl. Lk 7,30; 23,51; Apg 2,23; 4,28; 5,38; 13,36; 20,27; 1.Kor 4,5; Eph 1,11; Heb 6,17).

In der Tat zeigt uns die Schrift, daß die Frauen an keiner Stelle der Schrift zum öffentlichen lauten Beten in Gegenwart von Männern *aufgefordert* werden. Die Schrift lehrt als Gesamtzeugnis die Zurückhaltung der Frau in Gegenwart von Männern (vgl. z.B.: 1.Mo 2,18; 3,16; 1.Pet 3,4; 1.Tim 2,12).

Der Apostel Paulus will, daß *die Männer an jedem Ort beten*. Wie weiter oben schon deutlich betont wurde, handelt es sich hier um *die* Männer (beachte den Artikel vor „Männer" und das Weglassen des Artikels vor „Frauen") im Gegensatz zu den Frauen. Die Männer werden zum öffentlichen Beten aufgefordert, die Frauen offensichtlich nicht.

Und wo sollen sie beten? An *jedem Ort* (= en panti topō) sollen sie heilige Hände aufheben. Dieses Wort „topos" (Ort) meint einfach eine Örtlichkeit, einen Platz, einen Raum. Es handelt sich hier nicht um einen bestimmten Ort, nein, um *jeden* Ort. Vielleicht ist es wichtig, darauf hinzuweisen, daß in Apostelgeschichte 2,1; 1. Korinther 11,20; 14,23, wo in der Elberfelder Übersetzung „Ort" steht, einfach ein Zusammensein gemeint ist. Im Griechischen heißt es „epi to auto" (beieinander, örtlich gesehen). Wir müssen also feststellen, daß das Beten der Männer hier nicht ausschließlich auf die örtliche Versammlung, sondern auf alle geographischen Örtlichkeiten zu beziehen ist, wo gläubige Männer anwesend sind. Es geht also weiter als 1. Korinther 14,34. Wir Männer werden demnach durch den Text in 1. Timotheus 2,8 in eine außerordentlich große Verantwortung gestellt. Wenn wir dieser Verantwortung mehr entsprächen, vielleicht wären alle diese Fragen gar nicht mehr so aktuell.

Dürfen wir es noch einmal wiederholen. Der Apostel schreibt *nicht:* „Ich will nun, daß alle beten ...", sondern „Ich will nun, daß *die* Männer an *jedem Ort* beten."

Wenn es um das Sprechen der Frau in diesem Abschnitt geht, so heißt es in Vers 11: „Eine Frau lerne in der Stille in aller Unterwürfigkeit"; und in Vers 12 wird gesagt: „..., sondern still zu sein." Dieser Abschnitt in 1. Timotheus 2,8-12 ermutigt eine Frau auf jeden Fall nicht, in der Gegenwart von versammelten Männern laut zu beten.

Es heißt: „Ich erlaube aber einer Frau nicht, zu lehren noch über den Mann zu herrschen, sondern still zu sein ..." Der Ausdruck „einai en hēsychia" (= still sein, in Ruhe sein) bedeutet nicht so sehr „schweigen" (= sigaō, vgl. 1.Kor 14,28.30.34), sondern mehr „ruhig sein", „zurückhaltend sein". Vergleiche dazu auch das Wort „hēsychia" in Apostelgeschichte 22,2; 2. Thessalonicher 3,12 und „hēsychazō" in Lukas 14,4; 23,56; Apostelgeschichte 11,18; 21,14; 1. Thessalonicher 4,11, sowie hēsychios in 1. Timotheus 2,2 und 1. Petrus 3,4. In diesem Text geht es weniger um das Gebet, sondern um das *Reden zu den Menschen.* Wenn man die Verse 11 und 12 im Zusammenhang sieht, so wird klar, daß hier die Belehrung im Vordergrund steht. Offensichtlich denkt der Apostel hier an ein Zusammensein von Männern und Frauen, was ja auch dem Zusammenhang zu entnehmen ist. Wenn eine Frau lehrt, dann übt sie moralische Autorität aus. Das soll eine Frau nicht. Sie lerne in aller Stille und Unterwürfigkeit (oder Unterordnung), sagt das Wort Gottes.

Was bedeutet eigentlich „lehren"?
Das Wort „didaskō" meint nach Bauer, Benseler, Kit-

tel: belehren, unterrichten, ausbilden, vorschreiben, unterweisen, klug machen, zeigen, beweisen. Im Neuen Testament wird es vorwiegend für die öffentliche Unterweisung in der Synagoge, im Tempel, in den Städten und in den Zusammenkünften der Christen gebraucht (Mt 4,23; 9,35; 13,54; 26,55; Mk 1,21; 6,2; 12,14.35; 14,49; Lk 4,15; 13,10.26; 19,47; 20,1; Joh 7,14.28; Apg 1,1; 4,2; 5,21.25; 11,26; 20,20; 1.Kor 4,17).

Wir lesen nicht, daß Frauen Männer belehrt (didaskō) hätten. Keine Schriftstelle sagt uns, daß Frauen „Lehrerinnen" genannt werden, die das Wort Gottes lehren sollten, mit Ausnahme von Titus 2,3, wo den alten Frauen gesagt wird, daß sie die jungen Frauen als „Lehrerinnen des Guten" (kalodidaskalos) unterweisen sollen. Interessant ist dabei, daß unser Wort „unterweisen" die Übersetzung des griechischen Wortes „sōphronizō" (= zur Besonnenheit bringen) ist. Man kann auch übersetzen: „verständig anleiten" (Zürcher); „anleiten" (Schlachter, Rösch, Hoffnung für alle).

Die alten Frauen sollen somit *nicht,* wie es den Ältesten gesagt wird, mit der „gesunden Lehre ermahnen und die Widersprechenden überführen" (Tit 1,9), sondern die jungen Frauen „verständig anleiten, ihre Männer zu lieben, ihre Kinder zu lieben, besonnen, keusch, mit häuslichen Arbeiten beschäftigt, gütig, den eigenen Männern unterwürfig zu sein, auf daß das Wort Gottes nicht verlästert werde" (Tit 2,4f.). Wie nützlich wäre es, wenn es mehr ältere Frauen gäbe, die sich als „Lehrerinnen des Guten" betätigen würden; und wenn es jüngere Frauen gäbe, die diesen Dienst der Älteren gern annehmen würden.

Nun zu dem Wort „herrschen". Dieses Wort wird weder in der griechischen Übersetzung des Alten Testaments noch im Neuen Testament noch einmal verwendet. In dem apokryphen Buch „Das Buch der Weisheit" (Kap. 12,6) und bei Herodot, Euripides und Thukydides wird das Wort „authentēs" mit „eigenhändig" übersetzt (vgl. M.V. Vincent: Word Studies in The New Testament; p.225). W.E. Vine schreibt: „Das Wort ‚authenteō' bedeutet ‚Autorität ausüben', ‚regieren'. Es ist abgeleitet von dem korrespondierenden Hauptwort, das jmd. bezeichnet, der in seiner eigenen Autorität handelt" (The Collected Writings of W.E. Vine, Vol. III; p.247).

„Herrschen" wird durch das Wörtchen „noch" vom „Lehren" unterschieden. Das bedeutet gewiß, daß „herrschen" hier nicht „lehren" bedeutet. Es ist ein weiter gehender Ausdruck. Eine Frau soll einen Mann (nicht nur ihren Mann) in keiner Weise beherrschen. Sicher kann und soll sie ihre Gedanken zu einer Sache sagen, aber nicht so, daß sie den Eindruck hinterläßt, mit Autorität den Mann unter ihren Einfluß bringen zu wollen; sie soll nicht sein Herr sein, ihn nicht beherrschen. Wie schlimm ist es beispielsweise, wenn Frauen auf das Urteilsvermögen ihres Mannes solch enormen Einfluß haben, daß in sog. Brüderstunden der Mann unfähig ist, sich ein eigenes geistliches Urteil zu bilden.

Ob das Wort „herrschen" auch auf das Gebet anzuwenden ist, ist aus dem Zusammenhang des Textes nicht zu entnehmen, und der Begriff selbst kann wohl schwerlich auf das Gebet bezogen werden. Wenn ich vorgebe zu beten, aber in Wirklichkeit nur meinen Willen anderen aufdiktieren will, also andere beherrschen möchte, dann zeugt das von einer unlauteren Herzenshaltung. Gebet ist das nicht! Im wirklichen Gebet beherrsche ich die Mitbeter nicht, obwohl ich als laut Betender in einer Gemeinschaft doch der Mund der Anwesenden bin.

Nachdem nun alle Aspekte besehen wurden, sollte eine biblische Antwort möglich sein, die ich persönlich mit aufrichtigem Herzen und reinem Gewissen vor Gott vertreten und als Seine Antwort annehmen kann.

Wir wollen die folgenden Aspekte gut bedenken:

– In den Lehrbriefen des Neuen Testaments wird durchweg *die Unterordnung der Frau unter den Mann* gelehrt (1.Kor 11,3; Eph 5,22.24; Kol 3,18 1.Tim 2,8-15; Tit 2,5; 1.Pet 3,1-7);

– Die Schrift lehrt und ermuntert die Frauen *nicht,* laut in Gegenwart von Männern zu beten (vgl. 1.Tim 2,8ff.).

– In den Versammlungen soll die Frau schweigen (1.Kor 14,34).

– Die Schrift lehrt, daß die Frau mit bedecktem Haupt laut beten und weissagen kann (1.Kor 11,3-16).

– Die Schrift lehrt nicht, daß die Frau außerhalb der Versammlungsstunden unter keinen Umständen laut in Gegenwart von Männern beten *darf. (1. Kor 11,3-16).*

– Die Frauen können außerhalb der Versammlungszusammenkünfte Fragen stellen und sich gewiß am geistlichen Gespräch beteiligen, wie uns das z.B. in Apostelgeschichte 18,26 gezeigt wird, aber in einem Geist der Unterordnung, wie uns das in 1. Timotheus 2,11 und 1. Korinther 14,35 klar mitgeteilt wird.

Es sollte jeder gläubigen und gottesfürchtigen Frau, die ihr Handeln durch die Schrift bestimmen lassen möchte, zu denken geben, daß *nur* den Männern konkret *geboten* wird, an *jedem* Ort zu beten. Warum werden an dieser Stelle die Frauen offensichtlich *nicht* eingeschlossen? Bevor eine Frau in Gegenwart von Männern an einem Ort beten will, sollte sie sich vor dem HERRN die folgenden Fragen beantworten:

1. Warum findet man keinen Hinweis, daß Frauen in der Apostelgeschichte in Gegenwart von Männern laut gebetet haben?

2. Warum werden nur die Männer aufgefordert, an jedem Ort zu beten (1.Tim 2,8)?

3. Bete ich dann ggf. aus Glauben, ohne irgend zu zweifeln (Röm 14,22)?

4. Bin ich bereit, beim lauten Beten meinen Kopf zu bedecken?

Wir sollten also niemals einfach sagen: „Du darfst nicht" oder „Ich darf nicht", sondern in einer geistlichen Gesinnung vor dem HERRN sein und vor IHM alles abwägen. Das gilt übrigens auch uns Männern. Sollten wir Männer uns an dieser Stelle nicht einmal fragen, ob unser mangelhaftes Gebetsleben möglicherweise die tiefere Ursache für die vielen Fragen ist, die unsere Schwestern immer wieder bewegen? Es ist wahr, daß sich Gottes Grundsätze niemals ändern, aber es ist auch wahr, daß ein mangelhaftes Gebetsleben bei uns Männern unsere geistliche Autorität in der Ehe, Familie und in der örtlichen Versammlung (Gemeinde) sehr schnell einschränken kann. Wir sollten unserer täglichen Arbeit sicher fleißig nachkommen, aber daneben unser geistliches Leben unter keinen Umständen vernachlässigen. Diese Befürchtung muß man in letzter Zeit vermehrt haben.

4. Frage:

Was halten Sie von dem Verkündigungsdienst der Frau? Ich las in einem Buch, das sich mit diesem Thema beschäftigt: „Wie der Mann, wurde auch die Frau charismatisch begabt und trat in der Gemeinde-

versammlung als Predigerin oder als Beterin hervor"
und *„Wer das dennoch zu behaupten wagt (nämlich, daß es ein absolutes Schweigeverbot für die Frau im Verkündigungsdienst der Gemeinde Jesu gäbe), widerstreitet damit dem Geist der Heiligen Schrift und dem mehr als einmal klar bekundeten Willen Gottes und Jesu Christi."*

Antwort:

Mir ist das Buch gut bekannt, doch glaube ich, daß der Verfasser mit seiner Behauptung, man widerstreite dem Geist der Heiligen Schrift und dem klar bekundeten Willen Gottes, zu weit geht. Als Beweis für einen Verkündigungsdienst in der Gemeinde werden folgende Schriftstellen angeführt: Lukas 2,36-38; 24,8; Johannes 4,29.39.42; 20,11-18; Apostelgeschichte 2,4.17; 18,26; 21,9; Römer 16,3; 1. Korinther 11,5; 1. Timotheus 3,11.

Wir wollen nur kurz auf diese Schriftstellen eingehen: Lukas 2,36-38: Die vierundachtzigjährige Anna wich nicht vom Tempel, diente (latreuō = gottesdienstlicher Dienst) Nacht und Tag mit Fasten und Flehen, lobte den Herrn und redete von ihm zu allen (elalei peri autou pasin), welche auf Erlösung warteten in Jerusalem." Festzustellen ist erstens, daß wir uns hier noch auf jüdischer Grundlage befinden (Tempeldienst), also nicht in der Gemeinde, und zweitens „redete sie", d.h., sie sprach diejenigen Leute an, die ein Interesse an der Erlösung Jerusalems hatten und mit ihr darüber reden wollten.

Johannes 4,28.39.42: Die Samariterin „sagt zu den Leuten" (legei tois anthrōpois); Vers 39 fügt das Wort „bezeugen" (martyreō) hinzu. Schließlich erfahren wir aus Kapitel 4,42, daß die Leute der Stadt sagen: „Wir glauben nicht mehr um deines Redens (lalia) willen, denn wir selbst haben gehört ..." Diese Frau predigt nicht, sondern redet von dem, was sie erfahren hat, und bezeugt in ihren *Gesprächen* mit den Mitmenschen den Herrn Jesus Christus und das, was ER an ihr getan hat.

Johannes 20,11-18: Der Herr sagt in Vers 17: „... und sprich zu ihnen: ... Maria Magdalene kommt und verkündigt (aggellō) den Jüngern, daß sie den Herrn gesehen und daß er dies zu ihr gesagt habe." Auch hier haben wir es nicht mit einer Gemeinde oder mit einer öffentlichen Evangeliumsverkündigung zu tun, sondern mit einer Botschaft, die der Herr der Maria *direkt* und persönlich anvertraut hat. Übrigens kommt dieses Wort „aggellō" nur hier vor. Ein Hinweis auf die Besonderheit der Botschaft Marias?

Lukas 24,8: „... und sie verkündigten (apaggellō) dies alles den Elfen und den übrigen allen." Die Verse 10 und 11 zeigen, daß es auch hier einfach um eine Berichterstattung geht. Wieder müssen wir feststellen: Es handelt sich *nicht* um eine Gemeindezusammenkunft, denn die konnte es nicht geben, weil es noch keine Gemeinde im Sinne der apostolischen Briefe gab. Diese entstand erst zu Pfingsten (Mt 16,18; Apg 1,5; 1.Kor 12,13; Eph 3 usw.).

Apostelgeschichte 2,4.17: Männer und Frauen wurden mit dem Geist erfüllt und „redeten die großen Taten Gottes in anderen Sprachen", indem das teilweise geoffenbart wurde, was Joel 2,28-32 prophezeit. Der eigentliche Verkündigungsdienst geschah durch Petrus. Das Reden in anderen, für die Zuhörer verständlichen Sprachen wurde unterschiedslos Männern und Frauen gegeben. Gott macht ein für allemal deutlich, daß Frauen wie Männer von IHM angenommen sind und mit dem Geist erfüllt werden können und eben auch weissagen dürfen (vgl. 1.Kor 11,5). In Apostelgeschichte 2 ist der Beginn der Gemeinde (Versammlung). Diese geschichtlich *einmalige* Situation ist allerdings keine Belehrung über die christlichen Zusammenkünfte und sollte nicht eindeutigen Schriftstellen, die sich mit dem Zusammenkommen der Christen befassen, vorgezogen werden. – Übrigens ist es nicht unbedingt sicher, daß der Ausdruck „alle" in Apostelgeschichte 2,1 notwendig die Frauen von Kapitel 1,14 einbezieht. Ausdrücklich wird in Kapitel 1,15 von der „Mitte der Brüder" gesprochen. Allerdings wären die Verse 17-18 in Kapitel 2 schwer zu verstehen, wenn Frauen abwesend gewesen wären.

Apostelgeschichte 18,26: Hier handelt es sich nicht um einen Verkündigungsdienst in der Gemeinde oder in der Öffentlichkeit, sondern um einen Unterweisungsdienst im Bereich des Hauses.

Apostelgeschichte 21,9: Die Töchter des Philippus weissagten. Wo? Das wird nicht gesagt. Als nach einigen Tagen Agabus kam, weissagte dieser dem Apostel Paulus. Warum taten die Töchter des Philippus es nicht, obschon dieser schon einige Tage bei ihnen war? Wir wissen es nicht!

Römer 16,1-3; 1. Timotheus 3,11: Es fällt mir schwer, in den hier erwähnten Frauen Diakonissen zu erkennen, denn 1. Timotheus 3,12 redet sofort wieder von Dienern, so daß anzunehmen ist, daß es sich hier um die Frauen der Diener handelt. Römer 16,1 erwähnt Phöbe als einzige Dienerin (Diakonisse): „... eine Dienerin der Versammlung in Kenchreä ..., denn auch sie ist vielen ein Beistand gewesen." Der Ausdruck „Beistand" (prostasis) weist durchaus nicht auf einen Verkündigungsdienst hin. Weder 1. Timotheus 3,11 noch Römer 16,1-2 reden von einem Verkündigungsdienst der Frau.

Aus allen betrachteten Schriftstellen wird deutlich, daß es

a) keinerlei Anweisungen für einen öffentlichen Verkündigungsdienst der Frauen in Gegenwart von Männern gibt, wohl das Gegenteil: 1. Korinther 14,34; 1. Timotheus 2,8.11-14;

b) in den Begebenheiten von Lukas 2; Lukas 24; Johannes 20 und Apostelgeschichte 2 um einmalige und besondere geschichtliche Umstände geht, die aber durchaus keine Frau ermuntern, einen öffentlichen Verkündigungsdienst auszuüben;

c) seit Bestehen der Versammlung (Gemeinde) in Apostelgeschichte 2 keinen Hinweis in der Schrift gibt, daß eine Frau öffentlich gepredigt, gelehrt oder gebetet hätte oder es tun sollte.

Nun möge der Leser entscheiden, was dem Geist der Schrift und dem klar ausgedrückten Willen Gottes entspricht.

Wir möchten aber die Schwestern ermuntern, Gelegenheiten wahrzunehmen, mit Menschen über das Heil in Christo zu reden, wo immer der Herr die Gelegenheit dazu gibt (z.B. Kinderstunden; Sonntagsschulen; Krankenhausarbeit; Altenheimarbeit; Nachbarschaftsarbeit; Mithilfe am Evangelium, wie Evodia und Syntyche in Phil 4,3, um nur einige wenige Möglichkeiten zu nennen).

5. Frage:

Sehr oft wird gesagt, daß die Kopfbedeckung hier das lange Haar der Frau sei. Könnten Sie sich mit dieser Auslegung anfreunden?

Antwort:

Mir ist diese Auslegung gut bekannt, doch ist sie meiner Überzeugung nach aus folgenden Gründen abzulehnen:

a) Wenn „bedecken" bedeuten würde: „mit Haaren bedecken", dann müßte der folgende Satz so lauten: „Denn wenn eine Frau nicht (mit langen Haaren) bedeckt ist, so werde ihr auch das Haar abgeschnitten; wenn es aber für eine Frau schändlich ist, daß ihr das Haar abgeschnitten oder sie geschoren werde, so laß sie sich (mit langen Haaren) bedecken." Die Sinnlosigkeit dieses Satzes braucht gewiß nicht näher erörtert zu werden.

b) Vers 4 redet davon, daß der Mann sein Haupt, Christus, entehrt, wenn er etwas auf dem Haupt hat. Das kann wohl kaum sein Haar sein, sondern muß ein Gegenstand sein. Demgegenüber steht ja gerade Vers 5, wo von der Frau gesagt wird, daß sie sehr wohl etwas auf dem Kopf haben soll, im Gegensatz zum Mann. Sollte das jetzt plötzlich das Haar sein? Das hat sie doch sowieso auf dem Kopf. Im übrigen heißt es dann im zweiten Teil von Vers 5 nicht, sie sei eine Geschorene, sondern sie sei *wie* eine Geschorene.

c) Wenn es in Vers 5 heißt: „Jede Frau aber, die betet oder weissagt mit unbedecktem Haupt, entehrt ihr Haupt", kann dann wirklich ihr Haupt (Kopf mit den Haaren) gemeint sein? Sollte sie wirklich ihren behaarten Kopf entehren? Das erscheint doch etwas seltsam. Müßte es dann nicht vielmehr heißen: „... entehrt *sich*"? Es kann wohl doch nur der Mann gemeint sein. Wenn also eine Frau ohne Kopfbedeckung betet und weissagt, entehrt sie ihren Mann.

d) Die „Macht" auf dem Kopf der Frau in Vers 10 kann kaum das Haar sein, denn das lange Haar ist ihr ja anstatt eines Schleiers gegeben, während die „Macht" ein *Zeichen* für die Engel ist. Es dürfte somit deutlich sein, daß die Kopfbedeckung von dem langen Haar unterschieden werden muß.

6. Frage:

Wenn sich die Verse in 1. Korinther 11,1ff. nicht auf die Zusammenkünfte als Versammlung (Gemeinde) beziehen, warum bedecken sich dann die Frauen in den Zusammenkünften? Sie beten nicht laut, auch weissagen sie nicht. Sehr oft wird Epheser 3,10 in Verbindung mit 1. Korinther 11,10 angeführt, um das Bedecken der Frau in den Zusammenkünften zu begründen. Aber ist das richtig?

Antwort:

Zunächst zu Epheser 3,10: Diese Schriftstelle bezieht sich auf die Versammlung als solche, nicht auf die örtliche Darstellung, sondern ganz allgemein auf die *eine* Versammlung, zu der alle lebenden wahren Gläubigen gehören. Es geht hier um den ewigen Vorsatz Gottes, den Er in Christus Jesus gefaßt hat, nämlich, daß Menschen aus den Nationen und aus dem Volk Israel zu einem Leib zusammengefügt werden sollten. Dieser Vorsatz war ein Geheimnis, das von den Zeitaltern her in Gott verborgen war und nun als „unausforschlicher Reichtum des Christus" geoffenbart worden ist. Jetzt soll den „Fürstentümern und Gewalten in den himmlischen Örtern durch die Versammlung die gar mannigfaltige Weisheit Gottes" kundgetan werden.

Diese „gar mannigfaltige Weisheit Gottes" meint hier nicht zuerst die äußere Ordnung bei den Zusammenkünften der Gläubigen, sondern die sichtbare Darstellung des Ratschlusses Gottes auf der wunderbaren Grundlage einer Erlösung, die durch den Herrn Jesus bewirkt wurde. Diese Darstellung hat in Epheser 3 etwas mit dem Sichtbarwerden des Leibes Christi, des *einen* neuen Menschen (Eph 2), zu tun.

Dieser Vers in Epheser 3,10 steht also nicht unmittelbar mit 1. Korinther 11,10 in Verbindung, wo es doch um die Schöpfungsordnung geht. Andererseits ist es gewiß wahr, daß die Engel ganz besonders dann diese gar mannigfaltige Weisheit Gottes wahrnehmen, wenn die Gläubigen sichtbar als „Christi Leib" (1.Kor 12,27) dieser wunderbaren Einheit Ausdruck geben. Das gilt sicher auch dann, wenn sie zum Mahl des Herrn zusammenkommen (1.Kor 11,23) und durch das Brechen des *einen* Brotes diesen *einen* Leib sichtbar darstellen und den Tod des Herrn verkündigen. Aber wem verkündigen sie ihn? Nun, unter anderem den Fürstentümern und Gewalten in den himmlischen Örtern, die diese äußerliche Mahlfeier sehen und erkennen, daß die dort teilnehmenden Gläubigen den Gott bewundern, der nach Seinem ewigen Vorsatz und Ratschluß diesen herrlichen Plan zur Errettung verlorener Sünder erdacht hat. Sie kommen in der Gegenwart des Herrn zusammen und preisen Gott, den Vater, indem sie IHM geistliche Schlachtopfer darbringen durch Jesus Christus (1.Pet 2,5).

Glauben wir nicht auch, daß sich die Engel über die Weisheit Gottes freuen, wenn sie diese in dem Gehorsam solcher Geschöpfe sehen, die nun als erlöste Kinder Gottes Gott nahen, dem Gott, der von Seinen Kindern sogar *Vater* genannt werden darf?

Aber kann man wirklich behaupten, daß die Engel beim stillen nicht-lauten Mitbeten der Frau nur in der Kopfbedeckung die untergeordnete Stellung der Frau wahrnehmen? Ist nicht das Schweigen Beweis genug?

Es ist sicher immer gut und richtig, daß eine Frau sich da bedeckt, wo sie in den Vordergrund tritt. Die gottesfürchtige Frau wird wissen, *warum* sie etwas tut, und wir sollten ihr mit nicht *eindeutig* niedergeschriebenen Geboten keine Last auflegen.

Doch wollen wir auch noch einen Gedanken erwägen, der mir in letzter Zeit sehr wichtig und bedeutsam wurde. Wir lesen dreimal den Begriff „Herrlichkeit" in den Versen 2-16.

Zunächst heißt es in Vers 7, daß der Mann Gottes Bild und Herrlichkeit (doxa) sei, er als Person; dann heißt es in Vers 7 auch, daß die Frau des Mannes Herrlichkeit (doxa) sei. Doch in Vers 15 wird gesagt, daß die langen Haare der Frau ihre *Ehre* (auch hier: doxa = Herrlichkeit) seien.

In den öffentlichen Zusammenkünften der Gläubigen, wenn sie zu der herrlichen Person des HERRN versammelt sind, in Seiner Gegenwart, sollte dann die Frau als die Herrlichkeit des Mannes hervortreten oder sollte gar das lange Haar der Frau als die Herrlichkeit der Frau gesehen werden?

Nein, Christi Herrlichkeit soll geschaut werden (vgl. Heb 2,7.9; Eph 3,21). Deswegen ist es richtig, wenn Frauen sich in den Zusammenkünften bedecken, obschon die Bedeckung der Frau nach dem Textzusammenhang eindeutig nur auf das laute Beten und Weissagen der Frau zu beziehen ist.

Es ist interessant, daß in den vergangenen Jahrhunderten die Frauen wie selbstverständlich niemals ohne Kopfbedeckung die Gottesdienste aufsuchten. Waren sie weniger gottesfürchtig als wir?

Ich persönlich denke, daß eine Frau, die wirklich aus Gottesfurcht und Liebe zu ihrem HERRN Jesus bereit ist, sich in der Gegenwart Gottes zu verhüllen, immer Gottes Ordnung ehrt.

7. Frage:

Was halten Sie von der Feministischen Theologie?

Antwort:

Gar nichts, da sie zum Teil extrem gotteslästerliche Auffassungen vertritt, die ich hier nicht wiedergeben möchte. Wer Aussagen von Feministinnen wie Mary Daly, Shulamith Firestone, Katharina Halke, Elisabeth Moltmann-Wendel und Hildegunde Wöller gelesen hat, erkennt unschwer den antichristlichen Geist dieser neuen Religion. Man möchte sich gern der (bereits in der Einleitung zu diesem Buch zitierten) Aussage von Theologieprofessor Peter Beyerhaus anschließen, die er im Vorwort des Buches „Frauen im theologischen Aufstand" gemacht hat:

„Angesichts der geradezu apokalyptischen Gefährdung, welche der von der feministischen Theologie vermittelte Einbruch des Naturheidentums in die Kirche bedeutet, sehen wir aber keinen anderen verheißungsvollen Weg der Rettung, als konsequent zurückzufragen nach dem vollen biblischen Zeugnis über die heilsgeschichtliche Bestimmung von Mann und Frau, um uns daran erneut auszurichten."

Hoffentlich werden die Gläubigen diesem Rat folgen!

Man muß eigentlich die Frage stellen, wie es möglich ist, daß wahre Gläubige in einem religiösen System bleiben können, wo die feministische Theologie ihr Gift verbreitet. Lesen diese Geschwister denn nicht so deutliche Bibelstellen wie zum Beispiel 2. Korinther 6,14 – 7,1; 2. Timotheus 2,19-22; Offenbarung 18,4 und 2. Johannes 10-11?

8. Frage:

Viele gläubige Theologen haben diese Verse von 1. Korinther 11,1-16 so beschrieben, daß Paulus hier nicht eine theologische Abhandlung von zeitloser Gültigkeit schrieb, sondern in die damalige Situation der Gemeinde hineinschrieb. Zu diesen Theologen zählen namhafte Ausleger des Neuen Testaments. Warum akzeptieren Sie diesen Denkansatz nicht? Es gibt doch wichtigere Lehren zu bedenken als solche, die sich mit Äußerlichkeiten befassen?

Antwort:

Das Problem ist immer, wer denn nun eigentlich bestimmt, was wichtig, was weniger wichtig und was unwichtig ist. Alles, was die Heilige Schrift sagt, ist *wichtig*. Wollen Sie als Fragesteller derjenige sein, der z.B. 1. Korinther 11,3 und 11,7 unwichtig nennt? Wenn Sie das aber verneinen, warum wollen Sie dann die übrigen Verse unwichtig nennen? Ist das Argument, namhafte Theologen verneinen die zeitlose Gültigkeit verschiedener Verse in 1. Korinther 11,1-16, wirklich überzeugend? Welche namhaften Theologen wären das denn? Ich könnte Ihnen viele Theologen nennen, die diese Verse sehr wohl für äußerst wichtig halten.

Die allermeisten bibeltreuen gläubigen Kommentatoren des Neuen Testaments haben in den letzten Jahrhunderten niemals daran gedacht, diesen Text aus 1. Korinther 11 als zeitbedingt zu betrachten. Das begann erst mit dem Einsetzen historisch-kritischer Denkweisen. Leider sind auch manche „namhafte Schriftausleger" diesem Denken erlegen. Ob sie wohl wirklich von Herzen sicher sind, daß sie diesen Abschnitt im Sinn des Heiligen Geistes interpretieren? Der Herr bewahre uns vor jeglicher Form von Bibelkritik. Schon die Schlange im Garten Eden fragte: „Hat Gott wirklich gesagt …?" Aber – Gott hatte gesprochen!

9. Frage:

Aber in Galater 3,28 steht doch: „… da ist nicht Mann und Weib …, denn ihr alle seid EINER in Christo Jesu." Sind die Unterschiede der Geschlechter denn nicht vor Gott aufgehoben?

Antwort:

Offensichtlich nicht, wie wir aus allen obengenannten Stellen festgestellt haben. Übrigens heißt es genau: „arsän kai thäly" = männlich und weiblich (vgl. auch Mt 19,4; Mk 10,6). In Christus Jesus, in der neuen Schöpfung, ist in der Tat alles geschlechtslos. Aber solange noch Kinder gezeugt und geboren werden, ist jedem klar, daß Männliches und Weibliches noch existiert.

Auf der Erde benötigen wir Ordnungen. Wenn auch heute sog. moderne Menschen meinen, die Ordnungen Gottes ablehnen zu können, sollten wir immer daran denken, daß bei Gott das Prinzip „Saat und Ernte" gilt. Wir werden gewiß die Unordnung sowohl in den örtlichen Versammlungen (Gemeinden) als auch in der Gesellschaft ernten, wenn wir unsere Auffassung von „Ordnung" höher als die von Gott geoffenbarte einstufen. Es ist töricht, Gottes in der Schrift niedergelegte Ordnungen abzulehnen, um Ansehen bei Menschen zu gewinnen. Daher wollen wir uns ermutigen, konsequent zu Gottes Wort zurückzukehren und nicht zu den Traditionen der Menschen, mögen sie althergebracht oder auch supermodern sein.

10. Frage:

Was halten Sie von der sog. „Zitattheorie", die behauptet, daß die Verse in 1. Korinther 11,11-12 eigentlich eine Widerlegung der Verse 7-8 sind? Die Verse 3-10 wären dann eine Darstellung der Argumentation der Korinther, die Paulus ironisch ad absurdum führt. Weitere Beispiele wären auch Kapitel 6,12-13; 7,1.5; 8,4-7; 10,14-22; 2. Korinther 12,11-15. Man muß annehmen, daß dieser Text gerade deutlich machen will, daß Paulus die Sitte des Kopftuchtragens in Korinth bekämpfen will. Der Vers 16 beweist das deutlich. Der Ausdruck „Gewohnheit" bezieht sich nicht auf das Wort „streiten", sondern auf die Sitte des Kopftuchtragens. Außerdem kann man nach dem Griechischen aus den Versen 13-14 getrost zwei Aussagesätze machen, denn im ursprünglichen griechischen Text stehen keine Fragezeichen. Übrigens steht in Vers 13-14 NICHT „langes Haar", sondern einfach „Haar". Muß man nicht ganz neu über diese Verse in 1. Korinther 11 nachdenken?

Antwort:

1. Zunächst einfach eine Frage an Ihre intellektuelle Leser-Redlichkeit: Würden Sie beim Lesen des Textes auf die Idee kommen, daß Paulus hier irgendwo irgend jemanden ironisch zitiert? Ist das wirklich glaubhaft darzulegen? Außerdem ist nicht einzusehen, warum die Texte in 1. Korinther 6,12-13; 7,1.5; 8,4-7 ironisch von Paulus zitiert und dann durch diese Ironie ad absurdum geführt werden sollen. Vielleicht ist die Aussage in 1. Korinther 10,15 (ihr „Verständigen") ironisch gemeint, aber auch das ist nicht sicher festzustellen.

Ich zweifle auch nicht daran, daß man immer wieder neu über einen biblischen Text nachdenken und ihn im Gebet vor dem HERRN erwägen sollte, denn wir alle können irren, doch erscheint mir die Zitattheorie ein wenig sehr weit hergeholt.

2. Wieso die Verse 11-12 eine Widerlegung der Verse 7-8 sein sollen, bleibt mir völlig verborgen. Das „dennoch" in Vers 11 ist doch nicht das Einleitungswort einer Widerlegung, sondern maximal eine Einschränkung, aber besonders Ausdruck einer Zusammenfassung des Wesentlichen. Beachten wir die vier „denn" in den Versen 6.7.8.9.

Vers 6: Das Fehlen der Kopfbedeckung ist dem ungeschnittenen Haar im Wert gleichzusetzen. Abgeschnittenes Haar ist eine Entehrung der Frau, entsprechend ist die Ablehnung der Kopfbedeckung beim Beten und Weissagen eine Entwürdigung der Frau, denn sie „vermännlicht" sich und verneint ihre weibliche Würde und Ehre. Eine Frau, die sich aber über die Schöpfungsordnung Gottes erhebt, verneint Gottes Plan mit den Geschlechtern und zweifelt öffentlich an der Weisheit Gottes, der doch mit dieser Ordnung eine wunderbare Absicht verfolgt.

Vers 7: Die Frau ist des Mannes Herrlichkeit, daher verhülle sie sich, wenn sie laut in Gegenwart von anderen betet oder weissagt. Sie wird – im Gegensatz zum Mann – hier nicht als Gottes Bild und Herrlichkeit angesehen. Das müssen wir einfach so stehenlassen.

Vers 8: Die erste Begründung für Vers 7 liefert der folgende Vers: „Denn der Mann ist nicht von der Frau, sondern die Frau vom Mann." Der Mann ist somit in der Schöpfungsordnung das erste im Bilde Gottes erschaffene Wesen.

Vers 9: Die zweite Begründung für Vers 7 lautet: Die

Frau wurde um des Mannes willen erschaffen, nicht umgekehrt.

Diese vier „denn" werden in Vers 10 zusammengefaßt. Die Kopfbedeckung der Frau ist „um der Engel willen", denn die Engel wollen gerade die Herrlichkeit göttlicher Weisheit in der Ordnung und Sittlichkeit erlöster Geschöpfe sehen (vgl. 1.Tim 5,21).

Nun sagt man dazu, daß hier gar nicht Engel gemeint seien, sondern „Engel" für „gnostische Lehren" stehe, die Paulus auch sonst in der Versammlung in Korinth bekämpfe. Aber wo wird im Neuen Testament der Ausdruck „Engel" in diesem Sinn gebraucht? Muß ein so fadenscheiniges Argument widerlegt werden? Meint der Apostel Paulus in Kapitel 4,9 etwa auch die Gnostiker im Gegensatz zu den Menschen? Und wie steht es mit Kapitel 6,3 und Kapitel 13,1?

3. Es fällt mir außerordentlich schwer anzuerkennen, daß die Verse 3-10 die Argumentation der Korinther darstellen sollen. Was bedeutet eigentlich dann die Aussage „Ich will aber ..."? Das „aber" beweist doch gerade, daß Paulus mit dem folgenden Abschnitt die offensichtliche Klärung einer Streitfrage beabsichtigt.

Völlig unverständlich würde mir die Bedeutung der Begriffe „aber" in Vers 3.5.6.7 und „freilich" in Vers 7 sein.

4. Kann man wirklich mit Bestimmtheit sagen, daß sich das Wort „synētheia" (Gewohnheit, Gepflogenheit, Gewöhnung, Sitte) nicht auf das Streiten bezieht? Man sollte gut bedenken, daß hier eben nicht das Wort „ethos" (eine – oft durch das Gesetz vorgeschriebene – Gewohnheit, Sitte, Zeremonie, vgl. Lk 1,9; 2,42; 22,39; Joh 19,40; Apg 6,14; 15,1; 16,21; 21,21; 25,16; 26,3; 28,17; Heb 10,25 – siehe auch das Verb „ethō"

in Mt 27,15; Mk 10,1; Lk 4,16; Apg 17,2) gebraucht wird, sondern „synētheia" (das Wort finden wir nur noch in Joh 18,39 und – in einigen alten Handschriften – in 1.Kor 8,7 „einige essen infolge der Gewöhnung an das Götzenbild bis jetzt ...").

Kapitel 1,10; 3,3; 5,2; 6,5 usw. sind gewiß Hinweise darauf, daß die Streitsucht, die „philonikia" (die Liebe, das Begehren zu streiten), in Korinth üblich war. Paulus und seine Mitarbeiter und die Versammlungen Gottes hatten diese Gewohnheit nicht. Wer den Sinn der Kopfbedeckung verstanden hat, kann über das Thema eigentlich nicht mehr streiten.

Eine andere mögliche Erklärung wäre die, daß der Apostel und die anderen Versammlungen die Gewohnheit der Nichtbedeckung der Frauen beim Beten und Weissagen nicht haben.

5. Sollten die beiden Fragesätze in den Versen 13-14 in Aussagesätze verändert und dabei „komē" nur mit „Haar" übersetzt werden? Dann würde man folgendermaßen lesen:

„Urteilt bei euch selbst: Es ist anständig für eine Frau, unbedeckt (unverhüllt) zu Gott zu beten. Auch die Natur lehrt euch nicht, daß es für einen Mann eine Schande ist, Haare zu haben, für eine Frau dagegen eine Ehre, Haare zu haben." Zunächst einige Übersetzungen:

Zürcher: Urteilt bei euch selbst: Geziemt es sich, daß eine Frau unverhüllt zu Gott bete?"

Schlachter: Urteilt bei euch selbst, ob es schicklich sei, daß ein Weib unverhüllt Gott anbete."

Rösch: „Urteilt selbst: Schickt es sich für eine Frau, mit unverhülltem Haupt zu Gott zu beten?"

Jerusalemer: „Urteilt bei euch selbst: Ist es schicklich, daß eine Frau unverschleiert zu Gott betet?"

Hoffnung für alle: „Nun sagt doch selbst: Gehört es

sich für eine Frau, ohne Kopfbedeckung öffentlich zu beten?"

Luther: „Richtet bei euch selbst, ob es wohl steht, daß ein Weib unbedeckt vor Gott bete."

Mir ist keine Übersetzung bekannt, die diesen Satz so wiedergibt, daß man den Eindruck bekäme, dieser Satz wolle aussagen, daß es unanständig sei, wenn eine Frau bedeckt zu Gott bete.

Folgende Fragen wären zu stellen:

a) Wieso ist es anständig, daß eine Frau unverhüllt zu Gott betet? Welche Kriterien sollten denn die Korinther in ihrer Urteilsfindung leiten, da doch nach obiger Auffassung das Urteil der Korinther schon durch die Verse 3-10 ad absurdum geführt worden war? Sie sollten bei sich selbst urteilen (Aufforderung), und gleichzeitig wußte Paulus, daß sie ein falsches Urteil hatten?

b) Zum anderen ergäbe der Satz im Zusammenhang mit den vorherigen Versen überhaupt keinen Sinn. Er steht doch in Verbindung mit den Versen 5-10, die den Sinn der Bedeckung gerade verdeutlichen.

c) Übrigens, appelliert man an ein Urteilsvermögen bei Personen, denen man im nächsten Augenblick sagt, wie es ist? Überlegen wir uns einmal Vers 13 genau: „Urteilet (krinate, Aorist Imperativ) bei euch selbst: Es ist anständig für eine Frau, unverhüllt zu beten!" Wenn der Apostel klar sagt, was anständig ist, warum appelliert er noch an das Urteilsvermögen (vgl. Kap. 10,15-16)? Nein, es handelt sich hier um eine rhetorische Frage. Die Antwort war klar, da die vorigen Verse schon eindeutig waren.

6. Man übersetze einmal Vers 14-15a ohne Fragesatz und ohne Einfügung des Attributes „lang":

„Auch die Natur lehrt euch nicht, daß es für einen

Mann eine Schande ist, Haare zu haben, für eine Frau dagegen eine Ehre, Haare zu haben."

a) Zunächst: Was ist der sprachliche Unterschied zwischen den Wörtern „thrix" und „komē"? „Komē" wird nur an dieser Stelle im Neuen Testament gebraucht, während „thrix" häufiger vorkommt: Matthäus 5,36; 10,30; Lukas 7,38.44; 12,7; 21,18; Johannes 11,2; 12,3; Apostelgeschichte 27,34; 1. Petrus 3,3; Offenbarung 1,14; 9,8. Warum eigentlich?

b) Ist es wirklich wichtig, zu wissen, was die Natur in Sachen „Haare" *nicht* lehrt? Kann man im Ernst eine solche (grammatisch vielleicht mögliche) Übersetzung stehenlassen?

c) Man vermißt auch die angemessene Übersetzung des griechischen Wortes „ean". Es heißt doch „ean koma" (wenn langes Haar).

11. Frage:

Mit der Interpretation von Vers 15 liegen Sie völlig daneben, da das griechische Wort zwar nach ihrer Auffassung mit „Schleier" richtig übersetzt ist, aber nach Gemoll „Griechisch – Deutsches Hand- und Schulwörterbuch" eigentlich mit „Überwurf" oder „Gewand" übersetzt werden müßte. So wird es ja auch in Hebräer 1,12 übersetzt. Zudem sollte man das Wörtchen „anti" in Vers 15 mit „für" übersetzen und nicht mit „anstatt". Übrigens wird es auch in der Elberfelder Übersetzung meistens mit „für" übersetzt. Wie denken Sie darüber?

Antwort:

Das griechische Wort „peribolaion" kann „Schleier", „Gewand" und „Überwurf" bedeuten. Ich denke, die meisten Übersetzungen haben auch die Übersetzung „Schleier". Aber man kann auch getrost „Überwurf" übersetzen. Der Unterschied scheint mir nicht sehr wesentlich zu sein.

Zur zweiten Frage ist zu sagen, daß „anti" im Genitiv sehr gut mit „anstatt" oder „statt" zu übersetzen ist. Auch wenn es mit „für" an verschiedenen Stellen des Neuen Testaments übersetzt worden ist, so ist die Grundbedeutung doch meistens „anstatt", „an Stelle von". Sie können das z.B. anhand von Matthäus 17,27; 20,28; Markus 10,45 nachprüfen. Doch erscheint es mir klar, daß in 1. Korinther 11 die beste Übersetzung „anstatt" oder „statt" ist.

12. Frage

Häufig wird gesagt, daß die Schrift eindeutig lehre, daß eine Frau grundsätzlich nichts von ihrem Haar abschneiden dürfe. Ist das die Bedeutung von 1. Korinther 11,6.15? Bitte, geben Sie eine wirklich schriftgemäße, von Menschen unbeeinflußte, Beweisführung!

Antwort:

Die Frage ist nicht so leicht zu beantworten. Doch soll an dieser Stelle noch einmal auf diesen Themenbereich eingegangen werden, obgleich er ja bereits in der Auslegung der Verse 6 und 15 schon recht ausgiebig besehen wurde.

1) Das Wort „keirō" wird in den folgenden Stellen in Verbindung mit der Schafschur gebraucht: 1. Mose 31,19; 38,12-13; 5. Mose 15,19; 1. Samuel 25,2.4.7.11; 2. Samuel 13,23.24; Hohelied 4,2; Jesaja 53,7. Im Neuen Testament wird in Apostelgeschichte 8,32 der Vers aus Jesaja 53,7 zitiert. Die beste Übersetzung des Wortes dürfte somit wohl „scheren" sein.

In 2. Samuel 14,26; Hiob 1,20; Jeremia 7,29; Micha 1,16 sowie im Neuen Testament in Apostelgeschichte 18,18 und 1. Korinther 11,6 wird dieses Wort auf das Scheren der Haare von Menschen angewandt. Diese Stellen dürften für uns wohl recht wichtig sein.

2. Samuel 14,26: „Und wenn er (Absalom) sein Haupt scheren ließ – es geschah nämlich von Jahr zu Jahr, daß er es scheren ließ, denn es war ihm zu schwer, und so ließ er es scheren –, so wog sein Haupthaar zweihundert Sekel, nach dem Gewicht des Königs." Hier ist „keirō" die Übersetzung des hebräischen Wortes „gālaḥ".

„Gālaḥ" wird übersetzt mit
- „scheren" in 3. Mose 13,33 (LXX: xyraō); 14,8-9 (LXX: xyraō); 4. Mose 6,9 (LXX: xyraō); 6,18-19 (LXX: xyraō); 5. Mose 21,12 (LXX: xyraō); 1. Chronika 19,4 (LXX: xyraō) und mit
- „abschneiden" in 3. Mose 21,5 (LXX: xyraō); Richter 16,19 (xyraō); 2. Samuel 10,4 (xyraō).

Die Tatsache, daß das hebräische Wort „gālaḥ" in der griechischen Übersetzung des Alten Testament allerdings sowohl mit „xyraō" als auch mit „keirō" übersetzt wird, deutet an, daß sich beide Begriffe in Teilbereichen überschneiden können, ohne jedoch völlig bedeutungsgleich zu sein.

Hiob 1,20: „Da stand Hiob auf und zerriß sein Gewand und schor sein Haupt ..."

Jeremia 7,29: „Schere deinen Haarschmuck (oder: dein ungeschnittenes Haar) und wirf ihn weg, und erhebe ein Klagelied auf den kahlen Höhen."

Micha 1,16: „Mache dich kahl (xyraō) und schere dich (keirō) um der Kinder deiner Wonne willen ..."

In diesen drei Stellen steht im hebräischen Text das Wort „gāzaz". Es wird in 1. Mose 31,19; 38,13; 5. Mose 15,19; 1. Samuel 25,2 auf die Schafschur angewandt; in 1. Samuel 25,4.7.11; 2. Samuel 13,23-24 und Jesaja 53,7 kommt es in dem Wort „Schafscherer" vor.

Die Tatsache, daß das Wort in Apostelgeschichte 8,32 das abgeschnittene Haar der Schafe und das gleiche Wort in Apostelgeschichte 18,18 das geschorene Haar des Apostels Paulus in Kenchreä meint, weist darauf hin, daß der Ausdruck „keirō" eben auch „abschneiden" im Sinne von „das Haar kurz schneiden" bedeutet.

2. Das Wort „xyraō" wird in den alttestamentlichen Stellen (LXX) nie auf die Schafschur angewandt.

Es bezieht sich in den folgenden Schriftstellen auf das Scheren des Bartes, könnte daher auch gut mit „rasieren" wiedergegeben werden: 3. Mose 14,8.9; 21,5; 2. Samuel 10,4; 1. Chronika 19,4.

In den nun folgenden Stellen bezieht sich das Scheren auf das Haupthaar: 1. Mose 41,14; 3. Mose 13,33; 14,8.9; 4. Mose 6,9.18.19; 5. Mose 21,12; Richter 16,17.19.22; Jesaja 7,20; Jeremia 16,6; Hesekiel 44,20; Micha 1,16; Apostelgeschichte 21,24.

In den meisten alttestamentlichen Stellen ist „xyraō" die Übersetzung des hebräischen Wortes „gālaḥ" (s.o.).

3. In Micha 1,16 heißt es: „Mache dich kahl (xyraō)

und schere (keirō) dich um der Kinder deiner Wonne willen, mache deine Glatze breit ..."

Das Ergebnis des Kahlmachens und Scherens ist offensichtlich die Glatze.

4. Hesekiel 44, 20 sagt: Und sie sollen weder ihr Haupt kahl scheren (xyraō), noch auch das Haar frei wachsen lassen ..."

Warum werden denn nun diese beiden Wörter „keirō" und „xyraō" in 1. Korinther 11 gebraucht, wenn der Bedeutungsunterschied offensichtlich nicht so gravierend ist?

Der Satz heißt: „Denn wenn ein Weib nicht bedeckt ist, so werde ihr auch das Haar abgeschnitten (keirō); wenn es aber für ein Weib schändlich ist, daß ihr das Haar abgeschnitten (keirō) oder sie geschoren (xyraō) werde, so laß sie sich bedecken."

Der Apostel unterscheidet ganz offensichtlich „abschneiden" und „scheren". Warum?

„Abschneiden" (keirō) meint eben das Abschneiden der typisch langen Frauenhaare, des Haarschmuckes der Frau, wie wir das aus Jeremia 7,29 ableiten können.

Scheren („xyron" ist übrigens das Scher- bzw. das Rasiermesser: 4.Mo 6,5; 8,7; Ri 16,17; Jes 7,20; Hes 5,1) meint hier in 1. Korinther 11 wohl mehr das Kahlscheren, die Glatzenbildung. Das Abschneiden des langen Frauenhaares und das Kahlscheren (Rasieren) ist schändlich für die Frau. „Abschneiden" bedeutet nicht „schneiden", sondern wirklich abschneiden, kurzschneiden, wobei der Ausdruck „kurz" nicht definiert werden kann.

5) Nun kommen wir zu dem dritten Ausdruck: Es handelt sich um das Wort „komē".

Gemäß 1. Korinther 11,14 ist es eine Unehre für einen Mann, wenn er langes Haar trägt. Aber Vers 15 betont, daß das lange Haar der Frau ihre Ehre (Herrlichkeit) ist.

Die Septuaginta gebraucht das griechische Wort „komē" in den folgenden Schriftstellen: 3. Mose 19,27; 4. Mose 6,5; Hiob 1,20; 16,12; 38,32; Hesekiel 24,23; 44,20. Allerdings sind nur die unten aufgeführten Schriftstellen Übersetzungen der hebräischen Wörter für „Haar", bzw. „Kopfhaar, Haupthaar".

3. Mose 19,27: „Ihr sollt nicht den Rand eures Haupthaares (Haar des Hauptes) rund scheren." Der hebräische Text dieses Verses lautet: „Ihr sollt nicht den Rand eures Hauptes (ro'sch) rund scheren." „Komē" ist also einfach die Übersetzung des hebräischen Wortes für „Kopf". In diesem Fall ist „ro'sch" das Kopfhaar.

Hiob 1,20: „Da stand Hiob auf und zerriß sein Gewand und schor sein Haupt (LXX: Haupthaar); und er fiel zur Erde nieder und betete an." Auch hier übersetzt die LXX das hebr. Wort „ro'sch" (Kopf, Haupt) mit „komē".

Hesekiel 24,23: „… und eure Kopfbunde (hebr.: Turbane des Hauptes; LXX: komē = Haupthaar) werden auf euren Häuptern sein …"

Hesekiel 44,20: „Und sie sollen weder ihr Haupt (hebr.: ro'sch; LXX: kephalē) kahlscheren (xyraō), noch auch das Haar (hebr.: pæra'; LXX: komē) frei wachsen lassen … " – Die Priester sollten weder eine Glatze tragen, noch das Haar frei wachsen lassen, sondern das Haupthaar ordentlich schneiden. Das hebr. Wort „pæra'" (langes Haar) kommt nur noch in 4. Mose 6,5 vor und bedeutet dort „frei wachsendes Haar".

4. Mose 6,5: „Alle die Tage des Gelübdes seiner Absonderung soll kein Schermesser über sein Haupt gehen; bis die Tage erfüllt sind, die er sich für Jahwe absondert, soll er heilig sein; er soll das Haar (hebr.: pæra' s^e'ar; LXX: komē) seines Hauptes frei wachsen lassen."

Bei dem Nasiräer durfte kein Schermesser an das Haar kommen. Dieses lange und frei wachsende Haar wird in der LXX also mit „komē" wiedergegeben.

Ein solcher Nasir war der bekannte Richter Simson (vgl. Richter 13). Von den drei Kennzeichen des Nasirs in 4. Mose 6 wird in bezug auf Simson in Richter 13,5 aber nur das ungeschnittene Haar genannt. Das war sein hervorstechendes Merkmal als Nasir. In bezug auf seine Mutter, die die Vorschriften des Nasiräertums für sich selbst auch beachten mußte, weil Simson „von Mutterleib an" ein Nasir sein sollte, werden allerdings nur die beiden anderen Merkmale genannt. Warum, wo doch gerade das ungeschnittene Haar das besondere Merkmal Simsons sein sollte? Ganz einfach: Von ihr als Frau wird *vorausgesetzt,* daß „kein Schermesser auf ihr Haupt kommt", daß sie ungeschnittenes Haar trägt. Ein doch recht deutlicher Hinweis darauf, daß das Wort Gottes unter dem langen Haar der Frau ungeschnittenes Haar versteht.

Wir stellen fest,
– daß „komē" das normale männliche Haupthaar meinen kann (3.Mo 19,27; Hiob 1,20);
– daß „komē" das frei wachsende und nicht mit einem Schermesser beschnittene Haar meinen kann (4.Mo 6,5; Hes 44,20).

Aber was bedeutet dieses Wort im Neuen Testament, wo es offensichtlich nur ein einziges Mal vorkommt?

Es meint einfach das „lange Frauenhaar" im Gegensatz zum kurzen Männerhaar. Dieses lange Haar ist ihr anstatt eines Schleiers gegeben.

Meine persönliche Überzeugung ist die, daß hier das lange Haar nichts anderes als das „ungeschnittene Haar" meint, wie es 4. Mose 6,5 und Hesekiel 44,20 verdeutlichen.

Das lange Haar der Frau ist ihre persönliche Ehre (Herrlichkeit), ihre weibliche Würde.

Das lange Haar kann kaum die Bedeutung von „lang" im Sinne eines Längenmaßes haben, sondern „lang" im Sinne von „frei wachsend", „ungeschnitten" im Gegensatz zu „geschnitten", denn nicht jedes Frauenhaar ist „langes Haar" im Sinne eines Längenmaßes.

Wenn wir die drei Ausdrücke „scheren" (keirō), „abschneiden" (xyraō) und „langes Haar" (komē) besehen, erscheint es mir eindeutig, daß hier das *ungeschnittene Haar* gemeint sein muß. Denken wir doch nur an die Verse in Offenbarung 9,8 (Betonung der typischen Frauenhaare) und Johannes 12,3, wo die Haare der Maria, mit denen sie die Füße des *Herrn* abtrocknete, erwähnt werden.

„Ist es nicht bemerkenswert, daß diese Frage in den vergangenen Jahrhunderten und auch noch zu Beginn unseres Jahrhunderts für Christinnen kaum ein Thema war. Sie wußten, daß ihre langen Haare wirklich ihre persönliche Ehre (Herrlichkeit) waren.

Vielleicht haben sie diese langen Haare nicht immer aus Gehorsam Gott gegenüber getragen, aber sie trugen lange Haare, weil sie sich deutlich von den Männern unterscheiden wollten.

Und heute? Ist man in unserer nachchristlichen, vom Geist der Rebellion gegen Gott und gegen alle christlichbiblischen Werte gekennzeichneten Kultur etwa gottesfürchtiger geworden? Lieben wir als moderne Menschen den HERRN Jesus mehr als unsere Vorfahren, unsere geistlichen Väter und Mütter, die oft unter großen Glaubensprüfungen dem Wort Gottes mehr gehorchten als den von ideologischen Denkweisen beeinflußten Mode- und Kulturtrends?

Fragen wir uns als Frauen und Männer, die Gott dienen wollen, aufrichtig vor unserem gemeinsamen HERRN:

Was und *wer* bestimmt mein Denken und Handeln?

„Denn bei dir ist der Quell des Lebens, in deinem Licht werden wir das Licht sehen" (Ps. 36,9).

4. Schlußwort

Der englische Theologe und Philosoph Roger Bacon (ca. 1214 bis ca. 1292) schrieb in seinem Werk „Opus maius" folgendes: „Es ist sicher, daß niemals, bevor Gott von Angesicht zu Angesicht erblickt wird, ein Mensch irgend etwas mit endgültiger Gewißheit wissen wird. Denn keiner ist so gelehrt, daß er auch nur die Natur und Eigenschaften der Fliege wüßte ... Je weiser Menschen sind, desto demütiger sind sie bereit, Belehrung von anderen zu empfangen." Diesem Wort möchte ich mich anschließen. Es ist mein aufrichtiger Wunsch, von Gott belehrt zu werden. ER mag dazu Menschen benutzen, aber gewiß solche, die ihre Knie vor IHM beugen, vor IHM allein. Daher bitte ich jeden Leser dieser Arbeit, mögliche Fehldeutungen abzulehnen, aber Gottes Wort ernst zu nehmen. Über Korrekturen und bibelorientierte Hinweise bin ich von Herzen dankbar.

Andreas Steinmeister